哲学がわかる

中世哲学

哲学がわかる

中世哲学

ジョン・マレンボン　周藤多紀 訳

A Very Short Introduction

Medieval Philosophy

岩波書店

MEDIEVAL PHILOSOPHY
A Very Short Introduction
by John Marenbon

Originally published in English in 2016 by Oxford University Press, Oxford.

This Japanese edition published 2023
by Iwanami Shoten, Publishers, Tokyo
by arrangement with Oxford University Press, Oxford.

日本語版への序文

『哲学がわかる　中世哲学』の目的は、このシリーズ本（原著 A Very Short Introduction のシリーズ、日本語では『1冊でわかる』と『哲学がわかる』のシリーズ）の大半がそうであるように、確立された領域を広い読者層に紹介することではなかった。その第一の課題は、むしろ、西洋中世哲学とはいかなる領域であるかを説明することだった。西洋中世哲学という領域の豊かさについて見通しを与えることは、ただその次に目指した第二の目的だった。私は、とりわけ第6章から第9章で四つのテーマにそくした考察をおこなうことで、第二の目的を達成しようとした。西洋中世哲学は、ギリシア、ラテン、アラビア、（アラビア語とヘブライ語による）ユダヤという四つの伝統の入り組んだ歴史を含む、と私は論じた。これらの伝統はすべて、部分的にはプラトン、とりわけアリストテレスに遡る。その源泉となったプラトンとアリストテレスとは古代末期のプラトン派を介したものである。西洋中世哲学は、早ければ二〇〇年に始まると言うことができる。そして遅ければおそらく一七〇〇年に終わると言えよう。イスラーム世界では、その終わりはもっと後になる。中世哲学に対するこうしたより広い見方は、伝統的な見方と鋭く対立する。伝統的な見方は、一二五〇年以降の一世紀間のパリ大学とオックスフォード大学に焦点をあてている。その一世紀間〔一二五〇―一三五〇〕とは、トマス・アクィナスやドゥンス・スコトゥスやウィリアム・オッカムが、パリ大学やオックスフォード大学で神学を教えた時期である。そして伝統的な見方は、それよりも前や後の時代の思想家、ラテン語圏以外、そしてラテン語以外の伝統に属する思想家を、先駆者、影響関係をもつ者、追随者として周辺に追いやっている。

私が擁護しているより広い見方は、専門家の間では、私が本書を書いた七年前には、すでに伝統的な見方に取って代わろうとしていた。こうした動向は続いており、とくにアラビア哲学の研究は現在、ヨーロッパや英語圏で盛んになされているが、一人の専門家がたった一つの伝統だけに集中して研究する傾向はいまだにある（そして、ラテン語の伝統のなかでは、一二五〇年以降の大学の思想家が、いまだに重視されている）。私の短い本〔本書〕の最も重要な教訓は、西洋中世哲学という幅広い領域は一つの全体と見なされるべきであり、現在でも学ばれるべきものであるということである。

このように明らかに幅の広さを目指したにもかかわらず、本書での私のアプローチは一つの重要な点において相変わらず狭すぎた。皮肉なことだが、後期中世の大学での哲学だけに焦点があたらないようにしようとして、一三世紀から一五世紀のラテン哲学者を論じるにあたって取り上げたのは、ほぼすべてが大学で活動した人物だった。唯一の例外がダンテである。

実のところダンテを〔大学外の伝統のコンテクストから〕切り離して考察すべきではない。ダンテは、俗語で書いた著名な詩人たちの伝統に属する人物の一人と見なされるべきなのである。そうした詩人たちの作品のいくつかは、優れた文学作品であるだけではなく、哲学でもある。それは、漠然とした意味での「哲学」、つまりシェークスピアの劇が「哲学的」と言われるような場合の「哲学」であるだけではなく、より厳密な意味での「哲学」でもある。作者は、六世紀前半に書かれたボエティウスの『哲学の慰め』のように、哲学的性格が認められる資料を参照している。そして、予知と自由意志、知識と臆見の区別のような、特定の哲学的問題に取り組んでいる。

こうした著作家の系譜は、一三世紀後半のパリのジャン・ド・マン(彼の背後には、ベルナルドゥス・シルヴェストリスやアラン・ド・リールのような一二世紀のラテン著作家がいる)にはじまり、一四世紀後半のイングランドのジェフリー・チョーサーやウィリアム・ラングランド、そして一五世紀前半のフランスのクリスティーヌ・ド・ピザンに至る。最後に挙げている名前(クリスティーヌ・ド・ピザン)が示すように、主に俗語で展開された、より文学的な哲学の伝統に目を向けると、少なくとも一人の女性が入ってくる。そしてもう一人としてマルグリット・ポレートが挙げられる。彼女は一三一〇年にパリで火あぶりの刑に処された。ポレートの『素朴な魂の鏡』は神秘的な著作とみなされてきたが、実際は、愛と自己放棄についての哲学的探求である。(これらの人物とは)かなり異なるタイプだが、同様に特筆すべき大学外の哲学者として、ライムンドゥス・ルルス(一二三二―一三一六没)、そして謎めいた、ひょっとすると単なる虚構の人物である「ジョン・マンデヴィル」が挙げられる。ルルスは、小説や対話や論文や論争的な作品を、彼の母語であるカタルーニャ語、ラテン語、そして伝承によるとアラビア語でも書いた。マンデヴィルは、一四世紀半ばの小説の主人公で、ベストセラー『世界の不思議』(同書は『旅行』としても知られる(日本語訳のタイトルは『東方旅行記』ないしは『マンデヴィルの旅』))の作者を自称する人物である。

この小説は、イングランドから地上の楽園に至るまでの虚構の旅を描くことで、道徳的相対主義と絶対主義について探求している。

私の次のプロジェクトの一つは、私の(そして実のところほとんどすべての)中世哲学の説明に欠けている、大学外での哲学という潮流を補うことである。私は、原著のシリーズ「非常に短い入門書」の一冊として可能だったよりもはるかに長く、この潮流について論じることになるだろう。さしあたりは大学外での哲学についてのセクションを「読書案内」に設けて、いくつかの関連二次文献を示しておいた。

ケンブリッジ、トリニティ・カレッジにて
二〇二二年一二月

ジョン・マレンボン

謝辞

私は、シーラ・ロウラー、マクシモス・マレンボンとトーニー・ストリートが本書の草稿に対して寄せてくれたコメントに非常に感謝している。彼らのコメントのおかげで、草稿にあった不明瞭であったり、混乱していたり、誤っていたりした箇所を取り除くことができた。ピーター・アダムソンは、出版社に依頼された(当初は匿名の)読者として、原稿のすべてを注意深く読み、誤りを訂正し、改善するために多くの貴重な示唆を与えてくれた。私は、彼がしてくれた訂正や示唆に従った。ダン・ハーディングは、完璧で聡明な編集作業を行ってくれた。サラスワシィ・エシィラジュは、本書の製作マネージメントを担当してくれた。ジェニー・ナジーは、本書のプロジェクトの様々な段階で私に会ってくれた。彼女は、効率性と魅力、そし忍耐強さを理想的に兼ね備えていた。私は彼らに対しても大いに感謝している。

アラル海
ブハラ
黒　海
カスピ海
ンスタンティノープル
カルケドン
ニカイア
アンカラ
ニュッサ
エフェソス
ナジアンゾス
ネイシャーブール
マラーゲ
アプロディシアス
ニシビス
エデッサ
テヘラン
ロドス島
アンティオキア
キプロス島
ダマスコス
バグダッド
エスファハーン
アッコン
ナザレ
エルサレム
バスラ
アレクサンドリア
ガザ
カイロ
ファイユーム
ペルシア湾
ナイル川
メディナ
紅海
メッカ
アデン
アデン湾

中世哲学関連地図①

パリ
ナント
ポワティエ
ジュネーヴ
ヴェネツィア
ボローニャ
フィレンツェ
アヴィニョン
ナルボンヌ
サラマンカ
アルカラ・デ・エナレス
マドリード
サラゴサ
バルセロナ
ローマ
スタゲイラ
テッサロニキ
アトス山
トレド
ヴァレンシア
リスボン
マリョルカ島
コルドバ
グラナダ
ヒッポ
アテネ
地中海
クレタ
トレント
ヴェネツィア
パドヴァ
ミラノ
ボローニャ
ラヴェンナ
フィレンツェ
アッシジ
ローマ
アクィノ
モンテ・カッシーノ
ナポリ
サレルノ
ティレニア海
シチリア島
セミナラ
カルタゴ
パレルモ
カターニア
シラクーザ
チュニス

イェーテボリ
コペンハーゲン
バルト海
ベルゲン
リューベック
ハンブルク
ブレーメン
ライプチヒ
ケルン
ライン河
エアフルト
フライベルク
フルダ
マインツ
トリーア
プラハ
クラクフ
ハイデルベルク
ニュルンベルク
マルムーティエ
レーゲンスブルク
ストラスブール
ヒルザウ
チュービンゲン
アウクスブルク
ミュンヘン
コンスタンツ
ボーデン湖
ウィーン
ドナウ河
バーゼル
ザンクト・ガレン
チューリヒ

中世哲学関連地図②

セント・アンドルーズ
チャットン
アイルランド
イングランド
ダブリン
ヨーク
北海
リンカン
ホルコット
オックスフォード
ケンブリッジ
テムズ河
バース
ロンドン
オッカム
ソールズベリー
カンタベリー
ヘースティングス
ガン
カレー
ルーヴァン
メルベケ
アーヘン
クレシー
ブリュッセル
リエージュ
アミアン
ラン
ベック
コンピエーニュ
ルクセンブルク
コンシュ
パリ
シャルトル
ヴェルダン
シャンポー
クレルヴォー
ナント
ロアール河
トゥール
オルレアン
モリモン
ポワティエ
クリュニー
ジュネーヴ

目次

装幀・中尾 悠

図版一覧

1 序章

ある有名なフレスコ画が、中世の哲学に対して今日よく抱かれるイメージを集約している。ベノッツォ・ゴッツォリの『聖トマス・アクィナスの勝利』の中心には、トマス・アクィナスが座っていて、自分が書いた『大全』の一つを開いて持っている。[★1] 顔の表情は堅く、何物にも心を動かされる風はない。後方の両側には、つき従うようにプラトン〔右側〕とアリストテレス〔左側〕が立っている。足元で踏みつけられているのは、[★2] アラビアの哲学者アヴェロエスだ。絵画の下段部では、教皇が教会会議に臨席し、アクィナスが「教会の光」であると宣言している。上段部を占めているのは、福音書記者と最上部に配置されている神御自身である。神は「トマス、汝は我のことをよく語った」と言っている(図1を参照)。

多くの中世史研究者や大多数の哲学を職業とする人たちも、中世哲学に対して、こうしたイメージを抱いている。――そのイメージのなかでは、「アクィナス」は、ほとんど中世哲学そのものを意味する。中世哲学は西ヨーロッパに、そして主にアクィナスが生きた時代とその約五〇年

図１　ベノッツォ・ゴッツォリ《聖トマス・アクィナスの勝利》ルーヴル美術館蔵

前後、つまり一三世紀初頭から一四世紀半ばまでに位置づけられる。中世哲学は、一種の教会の教えで、一枚岩の教義であって、詳細を除けば議論の余地はない、と見なされる。中世哲学のなかで古代哲学は一定の役割を果たしたが、キリスト教による総合に従属していた。アラビアの（またユダヤの）思想家はキリスト教に利用されるべくしてあったのであり、キリスト教の勝利のうちに踏みにじられたのである。つまり、中世哲学はまったくもって、ほとんど哲学とは言えないしろものである。――一部の人は夢中になるかもしれないが、こうした中世哲学の取り上げ方《アプローチ》はせいぜい傍流をなすにとどまる。良識ある人は、いや哲学者でも、こうした中世哲学の取り上げ方をすすんで無視できるだろう。

このイメージはあらゆる点で間違っている。本書の目的は、より真実に近いイメージを示すことだ。中世哲学に対して誤ったイメージを抱くことは、魅力的な知的探究の領域の一つを覆い隠すだけでない。第10章で論じるように、哲学と哲学の歴史に対する私たちの理解全体を歪めてしまうのだ。

中世哲学についての三つの間違い

このよくあるイメージの第一の誤りは地理的なものである。中世哲学は、だいたい一千万平方マイルにわたる地域で営まれた。その範囲は、西アイルランドからウズベキスタンまで、イェーテボリからアデン湾にまで及ぶ。ここで重要なのは、ただ言及した場所に哲学者がいた——同時代に、西ヨーロッパからもっと遠く離れたインドや中国などにも哲学者がいたように——ということではない。むしろ、この広大な地域で営まれた哲学が、絡みあった幾つかの伝統——それらの伝統のすべては古代ギリシアに起源をもつ——からなる一つのグループに属していたということである。その一つのグループとは「西洋哲学」だ。しかし、その西洋哲学は、私たちに「西洋」の意味を考えなおすように迫る。

中世哲学の深い根はプラトンとアリストテレスに遡るが、主に四本の枝に分かれた幹は古代末期のアテナイ学派とアレクサンドリア学派の思想にある。それぞれの伝統は古代末期のこの二つの学派からおおよそ似かよったテクスト群を引き継いだ。その四本の枝とは、西ヨーロッパで営まれた「ラテン・キリスト教哲学」、ビザンツ帝国で展開された「ギリシア・キリスト教哲学」、「アラビア哲学」と「ユダヤ哲学」である。これら四つの伝統は共通の起源をもつだけではない。絡みあった木の枝のように、発展過程で翻訳を通して結びついている。翻訳は、ギリシア語からはアラビア語やラテン語へと、アラビア語からはラテン語やヘブライ語へと、ラテン語からはギリシア語やヘブライ語へとすすめられた(図4(三五頁)を参照)。

相互の繋がりは、本書で用いられる各伝統の名称にも表れている。本書では(「イスラーム哲学」ではなく)「アラビア哲学」を用いる。それは、イスラーム教徒だけではなく、ユダヤ教徒やキリスト教徒も、しばしば知の領域での同僚あるいはライバルとして、アラビア語で哲学したことを強調するためである。「ユダヤ哲学」は、アラビア語で書かれたものも含んでいるが、「アラビア哲学」とは別の伝統として区別される。というのも、ヘブライ語のユダヤ哲学はアラビア語のユダヤ哲学に遡るからである。[★3] 第2章では、四つの伝統が、古代の諸学派や文献とどのようにつながっているのか、そして相互にどのように結びついているのかを説明しながら、四つの伝統の概要図を示す。

上述のよくあるイメージの二つ目の誤りは年代に関するものである。哲学史上で「中世」と呼ばれる時代がどこでいつ始まり、どこでいつ終わるのかというのは、言うまでもなく慣習と選択の問題である。四つの伝統の連続性から判断すると、紀元後二〇〇年あたりから一七世紀の半ばあるいは一七世紀末(イスラーム圏ではさらに後)までと考えるのが良い。こうした広い年代区分を採ろうと、おおよそ五〇〇年(あるいは、もう少し後)から一五〇〇年までという、もっと短い通常用いられている年代区分を採ろうと、一二五〇年から一三五〇年までの時期を特別扱いするのは良くない。ラテン・キリスト教哲学の伝統に限っても、一二五〇年以前の二世紀と一三五〇年以後の三世紀もそれに劣らず充実している。そして他の伝統も考慮に入れると、中世に興味深い哲学がなかった世紀などないということが判明する。

よくあるイメージの三つ目の誤りは、中世哲学と宗教との関係に関するものである。その誤りの一部はすでに説明した。つまり、問題となっている哲学と宗教との関係は、哲学とラテン・キリスト教〔カトリック〕との間にだけあったわけではない。ユダヤ教、イスラーム教、ギリシア・キリスト教〔ギリシア正教〕、そして実のところは異教のギリシア哲学者自身がキリスト教に反応するなかで展開した一神教[★4]と哲学との間にもあるのである。だが、こうした説明は、よくあるイメージの背後にある非難にはまったく答えていない。それは、中世の哲学的思考はあまりにも宗教と絡みあっていて宗教に従属しているので、実のところはちっとも哲学ではない、という非難である。

こうした非難に答える一つのやり方は、非難する側の言い分を認めつつも、非難は不当だと言うことだろう。――四つの伝統の名称のうち三つ〔「アラビア哲学」以外〕は特定の宗教に対する言及を含んでいるものの、四つの伝統に与えられた名称はいずれも文化的区域を指している。そして、それぞれの伝統のうちでは多くの哲学的な仕事がなされた。それらの哲学的仕事は、宗教と明らかな関係をもたない論理学のようなものか、あるいは故意に宗教から遠ざかったものだった。しかし、こうした返答は完全に満足のいくものではない。中世の文化的伝統は宗教的伝統と密接に結びついていた(「ユダヤ教・アラビア哲学者」〔アラビア語を用いたユダヤ教哲学者〕や「キリスト教・アラビア哲学者」〔アラビア語を用いたキリスト教哲学者〕の存在が示すように、常に一つの文化的伝統が一つの宗教的伝統と結びついていたわけではないが)。最も優れた哲学の多くは、神学者がとくに神学的な問題に取り組むなかで成し遂げられた。そして、当時の哲学者が意図的に自分の思想を自分の信仰から切り離したときでさえ、自身を正当化するために、理性について、また理性と啓示との関係について何らかの見解をとらなければならなかったのである。

中世哲学と歴史的分析

中世哲学は実は宗教もしくは神学であるという非難に対して適切に答えるには、そのような非難には、歪んだかたちではあるが、重大な真実が含まれていることを認識しなければならない。その真実と誤りを区別するためには、哲学の歴史を書くことに何が伴うのかをもっと注意深く考察しなければならない。

上述の非難は、「中世哲学」と同定されるような文献の塊があるが、それは「哲学的」と言うに足るものとは見なされない、ということを前提にしている。しかし実際は、「哲学」という単語を、中世(実のところは一八世紀半ば以前の全期間)との関連で使うのは時代錯誤《アナクロニスティック》である。最近の「哲学についての哲学」〔メタ哲学〕の議論がどうであれ、どんな書物が図書館の哲学コーナーにあるかとか、哲学の学位を取得するために学生は何を勉強するものなのかといったことについて、私たちは皆、経験に基づいて、おおよそ理解している。しかし中世にはそんな学問はなかった。哲学者が現在議論しているのに似た多くの問題を、似たような分析や議論の仕方でもって議論していたにもかかわらず、これらの探求は一つの学問に分類されていなかった。神学と入り混じっていただけではない。生物学や心理学、物理学や天文学のように私たちが現在自然科学の諸部門と考えているものや、数学、音楽、文法学や修辞学とも入り混じっていたのだ。

　だから中世の（あるいは古代や初期近世の）哲学の歴史について書くには、現在私たちが哲学的に重要な問題として認識しているものから出発して、過去の文献のなかにそうした問題を探すのが良い。つまり、中世の資料から手始めとなる選択をするために、現代通用している意味での「哲学」を使うのである。そうすることで、書くものが、議論の余地なく、現在「哲学の歴史」と理解されるものに該当すると確信できるだろう。

　私が「歴史的分析」と呼ぶこのアプローチでは、中世哲学の資料がどれほど神学その他の議論に絡み、場合によっては従属していようとも、もはや難点にはならない。問題はただ、私たちの現代の出発点から、〔中世哲学という〕異質な資料のなかに、私たちが重要な哲学的問題として認識するような物事が、興味深い仕方で論じられているのを見つけられるか、ということである。そしてその答えは、この短い本でも示されるように、圧倒的に肯定的である。

　時代錯誤であることを自認する、こうした中世哲学史へのアプローチは、歴史を無視するという犠牲を払って、中世哲学が哲学であることを確保しているように見えるかもしれない。しかし、歴史的分析には二つの段階がある。研究者は、現代の観点から疑問を提起して資料を選択した後、切り離して取り出した哲学的議論を、その知的背景《コンテクスト》のなかに置き戻すことによって、この必然的な時代錯誤を克服しなければならない。そして、中世においては、とりわけ宗教的な背景が重要である。中世においては哲学的議論の重要な知的背景に神学があること――これが「実は神学である」という中世哲学の誤ったイメージのなかにある真実の要素である。

本書はアプローチとして歴史的分析を用いている。歴史的分析は、それぞれの議論を紹介するために、たいていの知的な歴史家が許容してきたよりもずっと多くの紙面を必要とする。本書で考察されるのは、中世を通して議論があった、たった四つの問題に限られる。これらの問題は、当時とは多少異なる形態をとっているが、今日においてもいまだに哲学者を興奮させるようなものである。それぞれの問題について、二人の対照的な中世の哲学者――ラテンの伝統から一人とアラビアないしはユダヤの伝統から一人――に焦点があてられるが、議論はその他の思想家にも及ぶ。四つの問題を考えるに先立って、本書の前半部(第2―5章)では問題をコンテクストのなかに置き、全分野について一般的な紹介をして、中世の哲学者がどのような問題を議論していたかについての理解をすすめる。

2　初期中世哲学の見取り図

古代末期と古代末期のプラトン派

中世哲学は、幾つかの伝統に分かれて展開したが、おおざっぱに言うと、古代ギリシア哲学に起源をもっている。その「古代ギリシア哲学」とは、主要には、古代末期（紀元後二〇〇―五〇〇頃）に、とりわけプラトン派によるプラトンとアリストテレスの解釈を通して形成された「アリストテレスとプラトンの思想」を指す。

プロティノス（二七〇没）以降のプラトン主義の再興は、それ以前の五世紀のあいだ主流だった哲学の諸学派（エピクロス派、懐疑派、そしてとくにストア派）を廃れさせることにつながった。プロティノスは、自分はプラトンを解釈しているだけだと主張したが、可知的な世界の構造を示すことにおいてはプラトンよりもさらに先へと進んだ。可知的な世界は、私たちの感覚を通してではなく思考によって把握される真実在の領域である。すでにプラトンは、私たちの感覚に現れる世界は、非物質的な永遠の形相《エイドス》ないしはイデアの写しにすぎず、非物質的な永遠の形相ないしはイデアだけが真に存在するものである、と論じていた。プロティノスによれば、実在(もしくは「ヒュポスタシス」)の第二の層である知性《ヌース》を構成しているのがイデアである。このヒュポスタシス(知性)は(実在の第一の層である)一者からの流出によって生じる。流出は一種の派生であるが、その派生は派生の起源に変化をもたらすことはない。一者から知性が流出するのと同様の仕方で、知性から第三のヒュポスタシスである魂が流出する。魂は、元素のはたらきから人間の理性のはたらきに至るまで、宇宙の生を構成するすべてのものの原因である。

プロティノスの後継者たちは、一者・知性・魂の三層からなる形而上学的構造を引き継いで発展させたが、古代末期のプラトン主義の伝統に顕著な特徴を与えたのはプロティノスの弟子であるポルピュリオス(二三二頃—三〇五頃)だった。プロティノスはアリストテレスに対して肯定的ではなかったが、ポルピュリオスはプラトンと同じくアリストテレスの思想も受け入れた。プラトンは可知的世界について、アリストテレスは感覚によって知覚される日常世界について書いたのだ、とポルピュリオスは主張した。二人(プラトンとアリストテレス)の発言は見たところ一致していないが、その中身は調和しているとしたのである。

かくしてポルピュリオスは、論理学を含むアリストテレスの作品をプラトン派のカリキュラムの一部に組み込んだ。そして、アテネ(アテナイ)とアレクサンドリアにあった二大プラトン学派がその動きに従った。公式にはプラトンの対話篇(および幾つかの神秘主義的な異教の宗教的テクスト)がカリキュラムの頂点に位置づけられていたが、アリストテレスの註解に専念したアレクサンドリアのアンモニオス(没五一七—二六)のような哲学者たちにも居場所があった。アテネのプラトン派の学校〔アカデメイア〕は五世紀に繁栄した。それは、次第に巨大なキリスト帝国になりつつあったローマ帝国の中にあって、完全に異教の教育機関であった。アカデメイアは、五二九年にようやく、キリスト教徒の皇帝ユスティニアヌス〔一世〕によって閉鎖された。

中世の諸伝統の五人の創始者

五人の思想家が中世の諸伝統の基礎を築いた。どの人物も古代末期のプラトン主義と、（一人を除けば）プラトン派と強いつながりをもっていた。

キリスト教徒の母と異教徒の父の息子であるアウグスティヌス〔三五四―四三〇〕は、ローマ帝国の属州であった北アフリカで司教になり、ラテン・キリスト教著作家のなかで最も影響力をもつようになった人物である。アウグスティヌスは、異教の哲学とキリスト教が衝突するような世界で育った。修辞学者という稼ぎのいい職業につく準備をするためにラテン古典文学の教育を受けた。しかし、プロティノスとポルピュリオスのラテン語訳との出会いが回心への道を歩ませることになった。この出来事は、アウグスティヌスの『告白』〔第七巻〕のなかで、生き生きと描写されている。アウグスティヌスの思想には若き日に出会ったプラトン主義の影響が継続的にみられるが、成熟していくにつれて、キリスト教信仰とローマ文明との隔たり、人類の堕落した状態を強調するようになった。アウグスティヌスの著作は体系的ではなく、キリスト教の教義の問題と結びついていたり、聖書註解という形式をとっていたりするものも多い。しかし、アウグスティヌスは、時間、懐疑主義、意志、悪、人間の自由など、多くの哲学的テーマについて深く考え、独創的な考察を残した。

アウグスティヌスと違って、ボエティウス（四七五／七頃―五二五／六頃）はラテン語と同様にギリシア語に習熟していて、プラトン諸派の文献を読むことができた。アンモニオスと同様に、ボエティウスはとくに論理学に関心があった。ボエティウスは、ほぼすべてのアリストテレスの論理学著作を翻訳し、アリストテレス論理学書についての註解と論理学の教本を執筆して、ラテン語読者が、この古代末期のスコラ的伝統[★1]を利用できるようにしたのである。一連の短い神学著作は、アリストテレス論理学の着想やテクニックを、キリスト教の教義について考えるのに、いかに適用することができるかを示している。しかし何と言っても、ボエティウスは、最後の作品である『哲学の慰め』によって有名になった。この作品は、でっちあげられた反逆の罪で死刑判決を受けたボエティウスが獄中で書いたものである。ボエティウスは無実の罪で死刑判決を受けるという明らかな不正に直面しながらも、この作品のなかで、ストア派とプラトン派のテーマを活かしつつ、神の摂理を純粋に哲学的に推論によって弁護することを目指している。また、人間の自由と神の予知を調停するという問題に対して、影響力のある解答を展開している（第8章を参照）。

「偽ディオニュシオス」と呼ばれる人物（五世紀後半）は、おそらくシリアの修道士であったと考えられている。その人物は、聖パウロによってキリスト教の信仰へと導かれた、学識あるアテネの人ディオニュシオス（「使徒言行録」一七：一六―三四）をかたって一連の文書を発表した。これらの文書はその後一千年間、〔ギリシア語原典のまま〕ビザンティン圏で、またラテン語に翻訳

A. プロティノスの階層構造

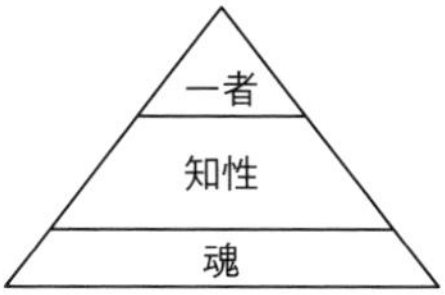

B. プロクロスの階層構造

1. 一者＝第一の神

2. 知性

- 2.1. 存在＝可知的神々
  - 2.1.1. 第一の三つ組
  - 2.1.2. 第二の三つ組
  - 2.1.3. 第三の三つ組
- 2.2. 生命＝可知的・知性的神々
  - 2.2.1. 第一の三つ組
  - 2.2.2. 第二の三つ組
  - 2.2.3. 第三の三つ組
- 2.3.「知性」＝知性的神々
  - 2.3.1. 第一の三つ組(親神　クロノス，レア，ゼウス)
  - 2.3.2. 第二の三つ組(穢れなき守護神　アテナ，コレ，クレテス)
  - 2.3.3. 第七番目の神

3. 魂

- 3.1. 宇宙を超えた(指導的)神々
  - 3.1.1. 第一の三つ組(ゼウス，ポセイドン[海のゼウス]，ハデス[冥界のゼウス])
  - 3.1.2. 第二の三つ組(アルテミス，ペルセポネ[コレ]，アテナ)
  - 3.1.3. 第三の三つ組
  - 3.1.4. 第四の三つ組
- 3.2. 宇宙を超えた・宇宙のうちの神々
- 3.3. 宇宙のうちの神々
- 3.4. 万有の魂

補図１　新プラトン主義の階層構造

A. 天使のヒエラルキー	
上位の階級	1.1. 熾天使
	1.2. 智天使
	1.3. 座天使
中位の階級	2.1. 主天使
	2.2. 力天使
	2.3. 能天使
下位の階級	3.1. 権天使
	3.2. 大天使
	3.3. 天使

B. 教会のヒエラルキー	
1. 秘蹟	
2. 聖職者	2.1. 主教
	2.2. 司祭
	2.3. 輔祭
3. 信徒	3.1. 修道士
	3.2. 秘蹟を受けることを許された信者
	3.3. 秘蹟を受けることを許されていない信者

補図2　偽ディオニュシオスの階層構造
J. O'Meara, *Platonopolis: Platonic Political Philosophy in Late Antiquity*, Oxford, 2003, p. 162の図表を参考に作成した.

されて広く読まれた。ディオニュシオス文書はプロクロスに基づいている。プロクロスの体系では、プロティノスの三つのヒュポスタシスが区別されたうえで、三つのもので構成されるグループに分割されていく。[★2] そして、この細分化した階層のなかに、異教の神々〔クロノス、レア、ゼウス等々〕が位置づけられている。偽ディオニュシオスはプロクロスの体系を単純化して取り込み、神々を天使と教会のヒエラルキーに置き換えることでキリスト教化したのである〔補図1と補図2を参照〕。

ヨアンネス・ピロポノス〔四九〇頃—五七〇年代〕もシリアのキリスト教徒だった。ピロポノスはアレクサンドリア学派でアンモニオスのもとに学んだが、後にアリストテレス的な素養をアリストテレス批判に用いて、ギリシア語とシリア語による一連の著作を通じて、アリストテレスの自然学の核心的部分を否定した。例えば、無限進行・遡行はできないというアリストテレスの主張を、キリスト教徒にとっては受け入れ難い、「世界には始まりはない」というアリストテレスの基本的見解に反論する論拠として用いた。ピロポノスが反論するには、もし世界に始まりがないなら、いま目の前で燃えている火が存在する以前に無限回の変化があったはずであるが、無限回の変化はアリストテレス自身によればありえないのである。ギリシア語とシリア語で書かれたピロポノスの著作は、ビザンティンの伝統のなかでは読まれることはなかった（そこでは彼が属したキリスト教の一派は異端と見なされていた）。そして、ラテン哲学の伝統でも直接（原典が）読まれることはなかったが、彼はアラビア哲学では重要な人物であり、「文法学者のヨハネス」として知られていた。

レーシュアイナーのセルギオス（五三六没）もシリアのキリスト教徒であり、アンモニオスの論理学教育をピロポノス流の講義によって知った。セルギオスはシリア語圏の論理学の伝統の創始者とみなされている。シリア語圏の論理学の伝統は、シリア語圏のキリスト教徒の教師と（ギリシア語からシリア語あるいはアラビア語への）翻訳者の仕事を介して、アラビア語圏でのギリシア起源の哲学の始まりとなった。★3 セルギオスは偽ディオニュシオスのシリア語への翻訳者として、シリアの伝統のプラトン主義の側面にも貢献した。

ローマ帝国の存続期と衰退期における哲学

上述の五人の人物は、文化の面では、キリスト教の影響を受けてはいるが、依然として古代の世界に生きていた。東方ではビザンティウム（コンスタンティノープル、現イスタンブール）を首都とするローマ帝国が存続していた。じっさい、私たちが「ビザンティン人」と呼ぶ人々は、自分たちのことを「ローマ人」と考えていたのである。そこには証聖者マクシモス(五八〇―六六二)という七世紀で最も有力な哲学者がいて、偽ディオニュシオスの伝統を引き継いでいた。偽ディオニシオスは、プロクロスにしたがって、神それ自体は不可知であること、また神は(「神は××ではない」という)否定的な仕方でのみ記述可能であることを強調していた。マクシモスはこうした考えをさらに進めて、神はまったくもってモノなどではなく、モノが神を分有することを許すことによってのみ神が神自身を創造した、と論じた。

論理学に通じ、プラトン主義のテーマに深く影響されていたにもかかわらず、マクシモスは異教の哲学の伝統を見下していた。ギリシア・キリスト教哲学の伝統における彼の後継者は、ダマスコスのヨアンネス(七五四以前没)とコンスタンティノープルの総主教ポティオス(八二〇―八九一)の二人である。彼らも哲学的な学識に基づいた神学体系を発展させたが、マクシモスとは異なる見解をもった。ダマスコスのヨアンネスは、自身が書いた神学についての『大全』★4に(比較的初歩的な)序文をつけている。また、ポティオスは、哲学者を含む古代の著作家からの抜粋を集めて、大部の『書誌《ビブリオテカ》』★5を編纂した。他の著作では、論理学を神学に利用するという目的のもとで論理学の問題を論じている。

対照的に西方では、ローマ帝国の政治的支配や政治制度は六世紀にはすでに崩壊しつつあった。北アフリカは、アウグスティヌスの死後まもなくヴァンダル族の手に落ち、ボエティウスがいたイタリアはゴート族の支配下にあった。その後も異民族の侵攻は続き、ラテン哲学の伝統が復興しはじめたのは西暦八〇〇年のクリスマスの日に戴冠を果たしたシャルルマーニュ〔カール大帝〕によって平和と安定、文化的復興がもたらされた八世紀後半になってからだった。イングランド出身の学者で、シャルルマーニュの庇護を受けたアルクイヌス〔八〇四没〕は、中世のラテン語で書かれた最古の論理学の手引き書〔『弁証論《ディアレクティカ》について』〕を編纂した。また、アルクイヌスのサークルに属した学生は、アウグスティヌスやボエティウスの著作、〔〔冒頭部に限られた〕不完全なものではあるが〕ラテン語訳で読むことができた唯一のプラトンの作品である『ティマイオス』のなかに見つけた哲学的な話題や議論に興じていた。

シャルルマーニュの孫息子であるシャルル禿頭王の宮廷に仕えたヨハネス・スコトゥス・エリウゲナ〔八五〇―八七〇頃活躍〕は、アルクイヌスらよりもずっと独創的で野心的な哲学者だった。エリウゲナがとりわけ感嘆の念を抱いたのはギリシア・キリスト教思想の伝統であった。彼はギリシア語を学び、偽ディオニュシオス文書のすべてと、証聖者マクシモスの著作〔『難問集《アンビグア》』『タラシオスへの質疑応答』〕、マクシモス以前の哲学的気質をもった思想家である四世紀の教父ニュッサのグレゴリオスの著作の一つ〔『人間創造論』〕を翻訳した。エリウゲナは、彼の傑作『ペリピュセオン〔自然について〕』で、マクシモスの思想を体系化して、大きく拡張した。その仕事は、アリストテレス論理学の研究によって支えられ、しばしばアウグスティヌスと対話することで成し遂げられている。エリウゲナは、〔ギリシア教父の著作と〕同じくアウグスティヌスの著作を注意深く読んでいた。エリウゲナによると、完全に不可知で定義不可能である神は、創造されず創造する。また、究極的には神の現れにすぎない宇宙を通して、神は自分自身を知識の対象としてい

図２　ホノリウス・アウグストドゥネンシス〔オータンのホノリウス〕『自然学入門(*Clavis Physicae*)』の12世紀の写本の彩飾．フランス国立図書館　MS Lat. 6734, fol. 3v．ホノリウス・アウグストドゥネンシス『自然学入門』は，ヨハネス・スコトゥス・エリウゲナの『ペリピュセオン』の要約．図像の彩飾はエリウゲナの宇宙観を描いている．〔エリウゲナの「四つの自然」の概念を図像化している．図の最上段には，左から右の順で，ラテン語で「正義」「力」「理性」「真理」「善性」「本質」「生命」「知恵」と書かれている．第二段目には「原初的諸原因」とあり，その下の円の中にはそれぞれ「時間」「無形質料」「場所」とラテン語で書かれている．その下の欄には「諸原因の結果」と記されている．その下の絵のアーチ上の文字は見えにくいものもあるが，順に「火」「空気」「水」「土」という四元素の名称が表記されていると推測される．その絵の下の欄には「創造され，創造しない自然」とある．一番下の欄には「終局」と書かれている．〕

る。そして神は、万物が帰還する終局とみなされるときには、創造されず創造しない（図2を参照）。

一〇世紀から一一世紀の西方ラテン世界では、哲学は相変わらず少数の古代および古代末期の文献《テクスト》に基づいて研究されていた。アリストテレス論理学の幾つかの作品、大衆化されたローマのプラトン主義の作品、[★6]〔プラトンの〕『ティマイオス』、ボエティウスによる註解書、教本、神学論文、『哲学の慰め』がその中身である。この時代の最も注目すべき思想家アンセルムス（一〇三三―一一〇九）は、カンタベリーの大司教になるまで、大半の時をノルマンディー〔ベック〕の修道院で過ごした。大多数の中世の著作家と異なり、アンセルムスはめったに権威を引用しない。彼は、アリストテレス、アウグスティヌス、ボエティウスに学んだ。しかし、アリストテレスを除けば、ひょっとすると、このうちの誰よりも優れた哲学的思考力の持ち主であったアンセルムスは、彼らの見解を無批判に受け入れることはほとんどなかった。しばしば対話形式をとる彼の著作は、キリスト教の教義に関わるものではあるが、道徳的心理学、行為の哲学、宗教哲学の最難問の幾つかを探究している。アンセルムスの有名な神の存在証明は、彼が発案した学問分野と言える「完全者の神学」の長い演習の一部をなしている。[★7]「完全者の神学」とは、神が全能であるという前提から、いかなる属性が神に帰せられることになるのかを理性的に演繹しようとする試みのことである。

アラビア哲学の始まり

古代の終焉における最大の地政学的変化はイスラーム教の勃興であった。七〇〇年までに、イスラーム教徒の軍隊が、現在のシリア、イラク、エジプトにあたる（ビザンツ帝国の領土だった）地域、ペルシア帝国、北アフリカのかなりの部分、キリスト教を信奉する西ゴート王国だった、現在のスペインにあたる地域を征服した。

しかし、イスラーム教の勃興は、哲学に古代の伝統の破壊ではなく、その逆の結果をもたらした。アレクサンドリア学派は、六四一年に街がイスラーム教徒の手に落ちるまで、アレクサンドリアの〔図書館の〕蔵書と共に存続していた。八世紀後半から一〇世紀前半のあいだに、中世哲学を形づくることになる最初の一大翻訳運動がおこって、アレクサンドリアにあった、ほとんどすべての哲学・科学文献がアラビア語に翻訳された。★8 最も重要な貢献をした翻訳者のなかには、シリア語を話すキリスト教徒もいた。★9 この時期に翻訳された哲学書には、アリストテレスのほぼ全著作、プラトン派やアプロディシアスのアレクサンドロス（二〇〇年頃活躍）をはじめとした古代末期のアリストテレス主義者による多数のアリストテレス註解書、（まぎらわしいことに『アリストテレスの神学』と呼ばれていた）プロティノス（『エネアデス』）の抜粋からなる作品、五世紀のプラトン主義者プロクロス（『神学綱要』）の抜粋からなる作品（『純粋善について』）がある。プラトン自身は〔ガレノスによるプラトンの対話篇の要約である〕『概要』の翻訳を通して知られていた。

九世紀前半から、何人かのイスラームの学者は自覚的に、彼らが「ファルサファ」と呼んだ、上述のギリシア哲学の伝統を継承しようとしはじめた。しかし、彼らは、イスラーム唯一の哲学者だったわけでもなければ、イスラーム初の哲学者だったわけでもない。八世紀前半から、ムスリムの学者は「カラーム」★10に従事しはじめた。「カラーム」は、コーランにまつわる問題や疑問に基づいた一種の哲学的議論である。しかし、「カラーム」誕生の背景には、おそらく、なんらかの（文献研究によらない）古代ギリシア思想についての知識と、哲学的に訓練されたシリアのキリスト教徒に対してイスラーム教を弁護する必要性もあったと考えられる。

自分たちをギリシア哲学の伝統の継承者と位置づける人々と、最初期に主流をなしたカラームの学派であるムウタズィラ学派の人々は、異なる仕方で自分たちの世界と自分たちの宗教の合理的理解を探求していた。そして両者（ファルサファの伝統の継承者とムウタズィラ学派の人々）は（ウマイヤ朝に代わって）新たに権力の座についたアッバース朝（七五〇年成立）によって養われた。ムウタズィラ学派は神の正義を理解するうえで人間理性の力を重視し、神の絶対的一性を強調した。彼らはたいてい原子論者で、アリストテレス的な静的世界像を自覚的に拒絶していたようにみえる。アリストテレス的世界像では、世界は、変化することがない特定の自然種（例えば人間、犬、バラ、石）に属する実体によって構成されている。ムウタズィラ学派の人々が選んだのは、神の力に支えられて、原子が（結合、分離、運動、静止といった）偶有性によって結びつけられることで「モノ」として存在しているという世界像であった。

ファルサファの最初の偉大な主唱者であるキンディー（八〇一頃―八七〇頃）は、ギリシア哲学に触発された彼の考えを、カラームに代わる選択肢として慎重に示したようにみえる。彼は、イスラーム教の枠組にとどまりながら、（カラームが論じていた）つきつめれば神学的な問題について〔カラームとは〕異なる、より良い解決法を示した。キンディーはとりわけ、『アリストテレスの神学』のような、むしろプラトン主義的な翻訳作品の影響を受けていた。しかし彼を「プラトン主義者」と評するのは間違いであろう。むしろ、彼は数学や音楽、あらゆる科学にまたがる博識家で、彼や彼の同時代人がまだまだ吸収すべきものをもっていた書物の豊かな知識に魅了されていた。

キンディーとは対照的に、ファーラービー(八七〇頃―九五〇／九五一)は断固として古代のアリストテレス主義の伝統を継承しようとした。彼は、自らの知的系譜を師から師へと、アリストテレス自身に至るまでたどった。アリストテレスを註解し、アリストテレス派とプラトン派の形而上学をプトレマイオス的な宇宙論と結びつけて、知性的な認識に関する中世思想に強い影響を与えることになった流出論を発展させた(図3および第7章を参照)。それだけではない。ファーラービーはプラトン主義の色彩を帯びた「完全都市」のモデル(第9章を参照)や、論証に基づくアリストテレス的な科学と宗教との関係について、大胆な説を展開した。ファーラービーの考えによれば、宗教は科学と同じ真理を説明しているが、前者は哲学者ではない人でも理解できるような隠喩的な表現を用いているのである。イスラーム教は最良の隠喩的表現を提供するが、アリストテレス的な科学[★11]だけが生《なま》の真理を与える。ファーラービーは、「バグダッド逍遥学派《ペリパトス》〔アリストテレス派〕」全体の中心人物であった。彼は、アリストテレスを解説して論じることだけをしていたわけではないが、そうすることに労力を傾けていた。

ファーラービーのバグダッド・サークルには、イスラーム教徒だけではなくキリスト教徒もい

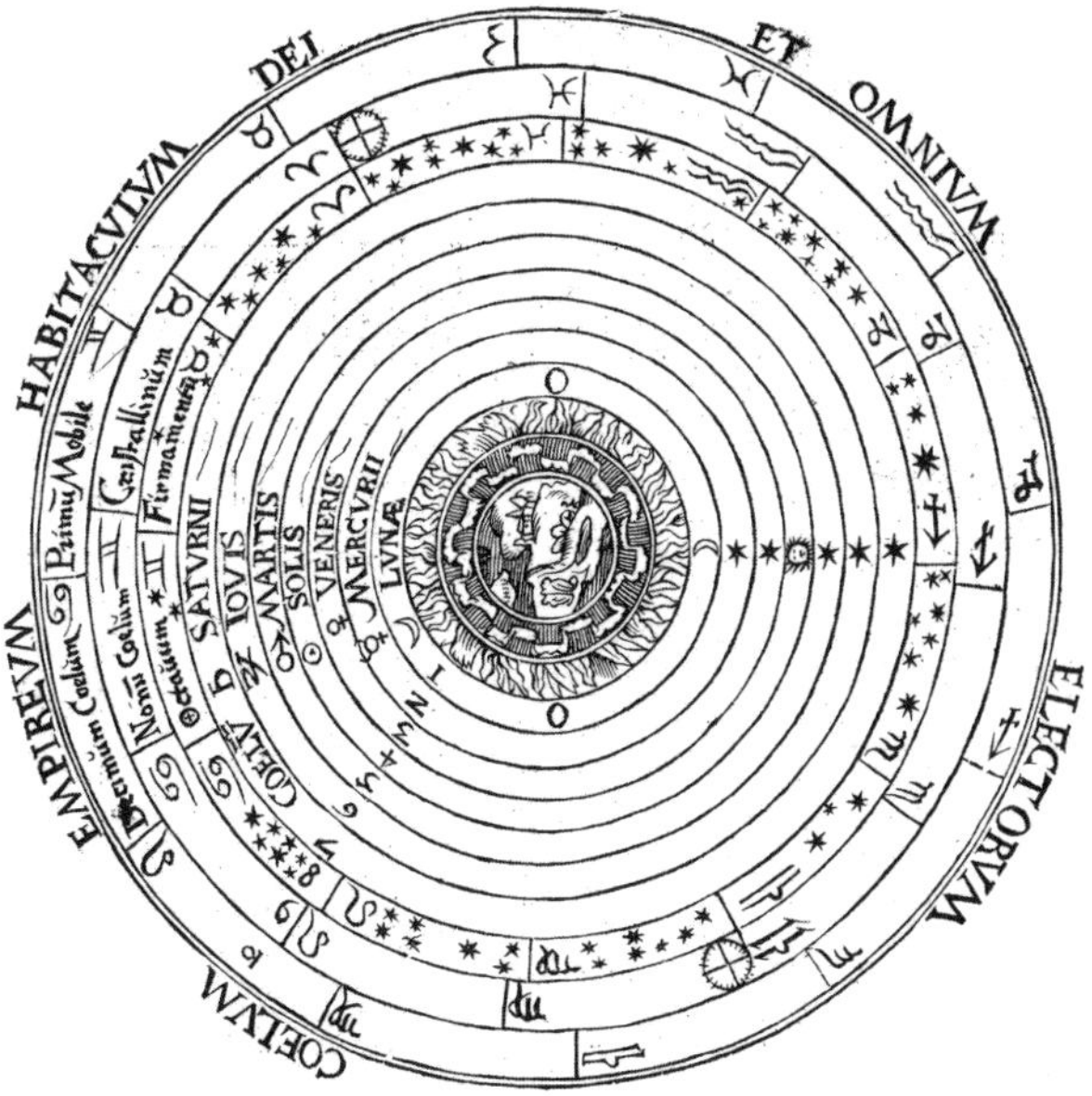

図３　アリストテレス－プトレマイオス的宇宙[★12]
ペトルス・アピアヌスの『コスモグラフィア』(1524 年)の版画より
〔地(球)が真ん中に描かれ，それを包むように 10 の天が描かれている　1. 月の天(月下天)，2. 水星の天，3. 金星の天，4. 太陽の天，5. 火星の天，6. 木星の天，7. 土星の天，8. 大空(恒星天)，9. 水晶天，10. 原動天．10 の天の外側にあるのが，「神とすべての選ばれた者たちの居所」である浄火天(至高天)である．〕

た。ユダヤ教徒もイスラーム文化に完全に同化していて、イスラームの知的流行を追い、アラビア語でものを書いていた。例えば、イサク・イスラエリ〔八五〇生〕は、キンディーのように、主に古代末期のプラトン派の作品に着想を得ていた。バビロニアに古くからあったタルムード学院の学院長〔ガオン〕であったサアディア〔八八二―九四二〕は、一種のユダヤ教版の「カラーム」をつくりだした。

イブン・シーナー〔〔ラテン名〕アヴィセンナ、九八〇以前―一〇三七〕はファーラービーを尊敬していた。しかし、イスラーム圏の東端にあるブハラ〔現ウズベキスタン〕付近で生まれた彼は、バグダッド逍遥学派のアプローチと自分のアプローチをはっきりと区別した。バグダッド逍遥学派は、古代の註解書の助けを借りつつ、アリストテレスを段落ごとにパラフレーズしたり解釈したりすることを目指していた。それに対してアヴィセンナは、アリストテレスとアリストテレスの註解者の思想を、彼らの著作に含まれている要素を並べ替えたり、たびたび考えなおしたりしながら、体系化することに着手したのである。ファーラービーと違って、アヴィセンナは、古代の哲学者たちに至るまで哲学の系譜をたどろうとはしなかった。教師を恃《たの》むよりも、自分自身の「直観《ハドス》」、議論を形成する力や、必要な点に変更を加えつつ、読んだもののなかにある真理を摑みとる力を用いることができたのである。アヴィセンナが好んで記した書物は、彼の性分に相応《ふさわ》しく、アリストテレス哲学の全著作を彼自身の解釈でもって掌中におさめた哲学的百科全書の形式をとった。この手の作品で最長のものは『治癒の書』と呼ばれている。最後に書かれ、イスラーム世界で最も影響力をもった百科全書的作品は『指示と警告』と呼ばれている、初心者向けにアヴィセンナの学説を要約したものである。アヴィセンナは、様相論理から普遍の理論（第6章を参照）、心身問題に至るまで、およそあらゆる分野において革新的だった。アヴィセンナが展開した考えのなかで最も広範囲に影響を及ぼしたのは、永遠であって（アリストテレス的意味で）必然的な事物のなかにアヴィセンナが設けた区別である。或るもの（天球、知性、魂）は別のものによって必然的である。なぜなら、それらのものは存在するために原因を必要としているからである。そうした（存在するのに他の原因を必要とするような）必然的なものと区別される神は、唯一それ自体で必然的である。つまり神の場合、ただ存在しているという事実のみが、存在することを説明するのである。

ファルサファが繁栄する一方で、カラームも発展を続けていた。アシュアリー（九三五／九三六没）は、ムウタズィラ学派の学者として経歴を始めたが、ムウタズィラ学派に特徴的な理論の幾つかを放棄した。ただしムウタズィラ学派の原子論は支持していて、あらゆるものに及ぶ神の完全な力――その力は（ムウタズィラ学派の考えに反して）人間の意志のはたらきや行為にまで及ぶ――を強調するために原子論を用いた。★13 神が、人間の行為も含むあらゆるものの唯一の創造者であるという考えはジュワイニー（一〇二八―八五）によって強調された。しかしジュワイニーはアヴィセンナも読んでいて、必然性と可能性に関するアヴィセンナの概念を自分の神学的議論に取り入れた。

ジュワイニーの傑出した弟子がガザーリー（一〇五八―一一一一）である。ガザーリーは最も偉大なイスラームの宗教思想家の一人として、いまだに尊敬されている。ガザーリーの研究と関心は、アシュアリー学派のカラームだけでなく、〔イスラーム〕法学、スーフィズム、ファルサファ[14]にも向けられていた。ギリシア哲学と、ギリシア哲学の代表的な支持者だったアヴィセンナに対するガザーリーの態度には二面性があった。ガザーリーは、アヴィセンナ的な思想を要約した『哲学者の意図』を編纂したが、〔その後に書かれた〕『哲学者の矛盾』では、アヴィセンナの思想を主張ごとに攻撃することになった。ガザーリーはアヴィセンナの三つのアリストテレス的な見解、〔1〕世界が永遠であること、〔2〕神が個物について知識をもたないこと、〔3〕身体の復活はありえないことを間違いであるだけではなく異端であると断じた。しかしガザーリーはアヴィセンナの体系から多くを取り入れている。それ自体で必然的な存在である神は必然性に迫られてではなく自らの意志に基づいて行為すると考えた点を除けば、ガザーリーの形而上学的枠組は完全にアヴィセンナのものと同じである、と考える人もいるほどである。

一二世紀のラテン哲学

ラテン世界では、一二世紀前半にパリが傑出した学問の中心地になった。司教座当局が学校間の競争を許したパリでは、教師とその門下生たちが絶え間なく議論するようになったからである。カリキュラムは一〇世紀後半以降のもの[15]とほぼ同じだったが、かつてないほど論理学が重視された。当時知られていた何冊かのアリストテレス哲学関係の著作、ボエティウスによる註解書と教本は徹底的に検討されることになった。神学も、教師が受けた論理学の訓練にかなり影響を受けた仕方で、パリの学校で学ばれるようになった。その結果、一二世紀に特有の思考様式が生まれた。論理学的・言語学的な分析に基づく一二世紀の思考様式は、後にそれに取って代わることになった、より十全な意味でアリストテレス的な(一三世紀の)哲学よりも、現代の分析哲学に近いと言えるかもしれない。

一二世紀のパリの教師として最も有名なピエール・アベラール(一〇七九―一一四二)は、論理学者として名をあげた。彼は、普遍について論争を呼ぶ説を唱えた(第6章を参照)。また、幅広く倫理神学の体系を構築した。その体系にしたがえば、神は常に最善のことをしなければならないので、選択肢の中から選ぶことができない。それに対して人間は自由であり、行為の意図が神の法――啓示されたもの(聖書のなかでの、人としてなすべきことについての教え)であれ、自然本性的にすべての人に知られているもの(自然法)であれ――に従っているかどうかで審判が下されることになる。言語・論理・形而上学について、またこれらの領域と神との関係について、アベラールとは異なるが、同等に洗練された、非常に特徴的なアプローチをとったのがギルベルトゥス・ポレタヌス(一〇八五/九〇頃―一一五四)である。一二世紀後半になると、アベラール、ギルベルトゥスと一二世紀前半の他の重要な教師たちの追随者は、自分たちの論理学的・形而上学的原理をかかげ、対抗する学派を形成した。

神学の領域では、主要な論争には二つの学派が関与していた。一方には、広範囲に神学の方法の基礎をギルベルトゥス・ポレタヌスに求めた人々(「ポレタヌス学派」)がいた。ちなみにギルベルトゥス・ポレタヌス自身はボエティウスの影響を受けていた(ポレタヌスの最重要著作は、ボエティウスの神学論文の註解である)。他方で、一一世紀末から一二世紀前半にかけて、(フランス北部の〕ランで神学に対する異なるアプローチが開拓されていて〔「ラン学派」〕、アベラールがそれを発展させていた。ラン起源のアプローチをとる神学者が執筆した、見解あるいは「命題《センテンチアエ》」の「集成」では、学説の論点がとりあげられ、しばしば概念分析を通して、論点に関して見たところ対立する権威的なテクスト同士の調停が試みられていた。この第二のアプローチこそ、一三世紀の神学に採用されたものであって、パリの司教ペトルス・ロンバルドゥスが一一五〇年代に執筆した『命題集』は、〔一三世紀に〕大学での神学の教科書になった。『命題集《センテンチアエ》』はアウグスティヌスに基づいた作品だが、アベラールを含む当時の思想家の影響も受けている。

上述〔言語・論理学、形而上学、倫理学、神学〕以外の分野に関心をもつ者もいた。おそらくパリ以外の場所で活躍したコンシュのギヨーム（一一五五以降没）は、ボエティウスの『哲学の慰め』やプラトンの『ティマイオス』のようなテクストを註解することに力を注いだ。彼はとりわけ自然学に関心があって、正しく解釈されたプラトンは自然学における権威であると見なしていた。また、ベルナルドゥス・シルヴェストリスは、散文と韻文からなる作品〔『コスモグラフィア』〕のなかで『ティマイオス』を劇化した。バースのアデラードやカリンティアのヘルマンは、新しい科学的・数学的知識をアラビア文化に求めた。そして、シャルトルのティエリと関わりをもつ作品[★16]では、ボエティウスのプラトン主義が数論的に、部分的には神秘主義的にも展開された[★17]。

西方イスラーム圏におけるイスラーム・ユダヤ哲学

一一世紀後半から一二世紀にかけて、西方イスラーム圏——北アフリカと現在のスペインにあたる地域――では独自の哲学的文化がはぐくまれていた。イブン・トゥファイル（一一一〇以前―八五）がアヴィセンナを参考にした（第9章を参照）のに対し、イブン・バーッジャ（一一三九没）とイブン・ルシュド（〔ラテン名〕アヴェロエス、一一二六頃―九八）はバグダッドのアリストテレス主義の伝統を引き継いだ。実際のところ、アヴェロエスはアラビア語で書いたアリストテレス註釈家すべてのなかで最も徹底的だった。アヴェロエスは、自分が知るアリストテレスの著作すべてを註解した。しかもたいてい二度以上、様々な手法を用いてである。その手法は、要約にはじまり、（『形而上学』や『魂について』を含む五つのテクストについての）「大註解」に至るものであった。[★18]「大註解」では、アリストテレスのテクストが段落ごとに綿密に検討されている。

アヴェロエスは、他の誰よりも断固として、プラトン派がアリストテレスに着せた衣をはぎとり、アリストテレスの真正の理解へ立ち戻ろうとした。そして、知的能力をもちあわせたムスリムは、アリストテレス的科学を学ぶ義務があると断言した。アヴェロエスは、『矛盾の矛盾』[★19]のなかで、カラームの価値に疑義を付すことでガザーリーに反撃した。同時に、真正のアリストテレス主義の名のもとに、ガザーリーの攻撃対象だったアヴィセンナからは距離をとった。しかし、まさにアリストテレスの真意を理解したいという願望のゆえに、〔アリストテレスの〕『魂について』に関して、特異で物議をかもすような解釈をすることになったのである（第7章を参照）。アヴェロエスの著作は、後期イスラーム世界ではほとんど読まれることがなかったが、ユダヤ教徒やキリスト教徒が読むことは珍しくなく、著作の多くがヘブライ語かラテン語〔の翻訳〕でのみ残されている。

アラビア語で書かれたユダヤ哲学の傑出した業績は、この西方イスラーム特有の哲学的文化が生み出したと言える。人生の大半をサラゴサでおくったソロモン・イブン・ガビロル(一〇二一／二二―五七／五八)はヘブライ語の詩人だったが、唯一現存している哲学的著作『生命の泉』はアラビア語で書いた。ソロモンは、プラトン主義の影響を大いに受けているが、事物は一者から必然的に流出しているのではなく神の意志によって産出されていると考えた。そして、創造された宇宙のあらゆる階層に神によって創られた質料が存在すると主張した。ファーラービーを参考にして、よりアリストテレス的なアプローチを採用した最初のユダヤ思想家が一二世紀半ばのイブン・ダウドである。彼は、同時代のモーシェ・ベン・マイモン(マイモニデス、〔通称〕ラムバム、★20 一一三八―一二〇四)の陰に隠れてしまった。イブン・ガビロルやイブン・ダウドと同じく、マイモニデスもアンダルスのイスラーム文化が生み出したと言えるが、アルモハード朝〔ムワッヒド朝の別称〕の統治者たちがイスラーム教徒以外を迫害し始めて、ついにはエジプトへと逃れざるをえなくなった。

マイモニデスは、ラビの伝統に連なる二つの偉大な作品である(アラビア語で書かれた)ミシュナの註解書★21(『ミシュナ註解』)とヘブライ語で書かれた『ミシュネー・トーラー』(「第二の律法」の意)のなかで、ファーラービーが採ったアリストテレス主義を推進し、宗教――マイモニデスにとってはユダヤ教――とアリストテレス的科学の関係について、ファーラービーと似た見解をとっている。アリストテレスが包み隠すことなく語った真理は、聖書やラビの伝統でも知られていたが、隠喩《メタファー》を用いて表現されたのだ、とマイモニデスは主張した。しかし『迷える者の手引き』を書く頃には、マイモニデスの見解はより複雑なものになっていた。今や、マイモニデスは、神についてのアリストテレス的な見解とユダヤ教の神概念の間には根本的な相違があることを認識していた。アリストテレスの神が、永遠なる宇宙で必然的にはたらく存在であるのに対し、ユダヤ教の神は、自発的にはたらく創造神なのである。『迷える者の手引き』で論じられているテーマには、厳格な否定神学やカラームの議論に対する批判といったような明快なものもある。しかし、次のような重大な問題に対する解答について解釈の余地を残している。マイモニデスはアリストテレス主義の重要な要素を放棄したのか、それとも放棄したようにみえるだけであって、暗示や矛盾を含む巧妙な体系を通して、あからさまではないが、ユダヤ教の信仰が大切にしている教え〔神による世界の創造や死者の復活など〕が文字通りに真であることを否定したのか？

アヴィセンナ以降の東方イスラーム圏での哲学とカラーム

西方イスラーム圏に特徴的な哲学的文化は、一三世紀前半に、キリスト教徒がイスラーム教徒の支配下にあったスペインの大部分を再征服した時に消えてしまった。東方イスラーム圏では、哲学は、少なくとも部分的にはガザーリーの強い影響が原因で、西方イスラーム圏とは異なる展開をした。ガザーリーが哲学を攻撃するにあたってアヴィセンナを標的として選んだことは、〔アリストテレスよりも〕アヴィセンナが哲学の権威として公認されることにつながった。つまり、ガザーリーは、「哲学者たち」〔アリストテレスとアヴィセンナ〕の三つの学説〔先述の(1)世界の永遠性、(2)個物に関する神の無知、(3)身体の復活の否定〕に「不信心」というレッテルを貼ることで、逆説的に、「哲学者たち」の他の見解はどれであっても、イスラーム教徒がとることができるとしたのだ。ガザーリー自身がアヴィセンナの形而上学を取り入れたことで、〔哲学的見解・議論を導入することは〕後のカラーム神学者の間で流行になった。

その後一二世紀末まで、東方イスラーム圏の哲学の伝統は、アヴィセンナの模倣やアヴィセンナ哲学に対する応答といったかたちでアヴィセンナの影響が支配的だった。アヴィセンナの弟子のバフマニヤール（一〇六七没）と、バフマニヤールの弟子のラウカリー（一一二三／二四没）は、アヴィセンナの著作に基づいて哲学の百科全書を書いた。こうしたアヴィセンナ主義者とは対照的に、アブー・バラカート・バグダーディー（一〇七七頃生）は『考察の書』で、数々のアリストテレスの自然学の原理を攻撃しただけでなく、各原理に疑問を呈することによって、アヴィセンナの見解の多くを攻撃したのである。

バグダーディーは、一二世紀にアヴィセンナを批判したスフラワルディーにも影響を与えた。スフラワルディーは、サラディンの命令によって一一九一年に処刑にされた時、まだ四十歳になっていなかった。しかし、すでに多数の作品を書いていて、スフラワルディーの「照明哲学」は後世それ自体についての註解の大規模な伝統を築きながら、イスラーム思想の重要な一脈となったのである。スフラワルディーは、思想形成の方法と要《かなめ》となる見解でもってアリストテレス主義の伝統に挑んだ。彼は、古代中国、インド、エジプト、ペルシアの哲学思想を取り入れるべきだと主張した。また彼の思想の核には、現前による特殊な直接知は、推論によって到達可能な「不完全な知識」とは異なるレベルで実在の理解を可能にする、という見解がある。★22 スフラワルディーはアヴィセンナの支持者として出発したが、アヴィセンナの体系のなかで疑問の余地がある幾つかの点——本質と存在の区別や、人間は事物を定義する能力をもっているというアリストテレス的な自信——についてプラトン的観点から鋭く批判した。

3　後期中世哲学の見取り図

初期中世哲学と後期中世哲学

第1章で私は、中世哲学をおおよそ二〇〇年から一七〇〇年に至る、非常に長い期間にわたるもの（長い中世[★1]）として考えるのが最も良いという考え方を示した。この一五〇〇年間で、西暦一二〇〇年は四つの伝統すべてにわたる重要な分岐点を示している。つまり、数々の点で連続性があるにもかかわらず、一二世紀末までの初期中世哲学とその後の後期中世哲学を区分するならば、それは恣意的な区分以上のものだということである（図4を参照）。

一三世紀にパリ大学やオックスフォード大学が出現し、アリストテレスの著作のほぼすべてを大量のアラビア哲学と共に受容したことによってラテン哲学の伝統は変貌した。一二〇四年にマイモニデスが死ぬまでは、ユダヤ哲学はイスラーム文化のなかでアラビア語で書かれていたが、マイモニデスの死後は、主に、キリスト教が支配するヨーロッパに住み、ヘブライ語で書くユダヤ人の間で繁栄した。同じ年（一二〇四）、十字軍がコンスタンティノープルを占領し、王国（ラテ

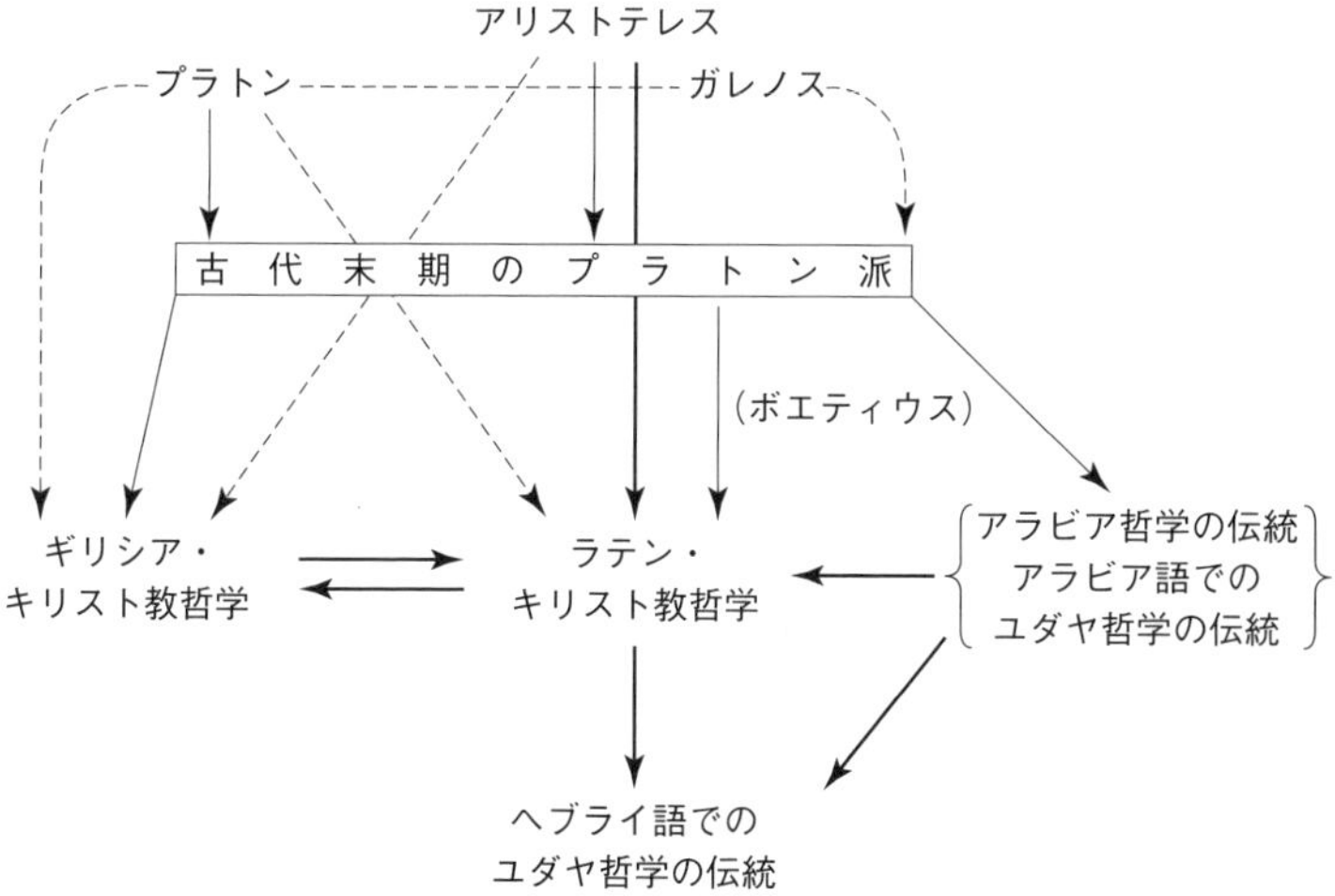

図4　哲学の異なる伝統の関係
〔実線矢印は原典や原典の翻訳を通した直接的受容を示す.
破線矢印は間接的受容を示す. 太線は主に13世紀以降.〕

ン帝国〕を築いた。その結果としてビザンティン哲学は、ラテン語の書物やラテン語の書物への反論の動きにかなり影響されるようになったのである。さらに、一一九八年のアヴェロエスの死は、(第2章で説明したように)イスラーム教支配下のスペインに特有の知的文化の終焉だけではなく、ファルサファの伝統の終焉をしるすものとなった。東方イスラーム圏では、哲学は繁栄を続けたが、アヴィセンナの批判者やアヴィセンナの後継者がすでに部分的に展開していたようなかたちで、つまり神学とはるかに密接に結びついた仕方で営まれた。

ラテン語への翻訳と大学

一二〇〇年頃から一二五〇年にかけて、西洋ラテン世界での哲学の営まれ方には劇的な変化が認められる。この変化には二つの要因がある。一つは中世で二度目[★2]となる大規模な翻訳運動で、大量の書物がギリシア語およびアラビア語からラテン語へ翻訳されたことである。もう一つはパリとオックスフォードにおける大学の設立である（第5章を参照）。

その翻訳運動は一二世紀に始まったが、新しい翻訳が広く用いられ始めたのは一三世紀に入ってからである。一一三〇年から一一五〇年の間になされたヴェネツィアのヤコブスの訳業を皮切りとして、アリストテレスのテクストがギリシア語から直接ラテン語に翻訳された。幾つかのアリストテレスの作品については、アラビア語からの間接的な翻訳を一三世紀に入っても使わざるをえなかったが、メルベケのギヨームのおかげで、一二八六年までにはアリストテレスの全著作が、幾つかの古代末期の註解と共に、原典に沿った、精確なラテン語訳で手に入るようになった。この〔翻訳された〕アリストテレス著作集がカリキュラムの中心となったが、プラトン派の著作が無視されていたわけではなかった。『純粋善について』は『原因論』というタイトルで翻訳され、一一七〇年代にはすでに使われていた。そして、メルベケのギヨームは、『純粋善について』が翻案しているプロクロスの『神学綱要』を直接翻訳した。『原因論』と『神学綱要』は、一二世紀に再翻訳された偽ディオニュシオスの著作と共に[★3]、何人かの思想家にとって重要な役割を果たすことになる〔プロクロスに遡る〕プラトン主義の水脈を供給することになった。そうした思想家のうちには、アルベルトゥス・マグヌスやトマス・アクィナス（彼らは『原因論』と偽ディオニュシオスのどちらについても註解した）のような、熱心なアリストテレス主義者も含まれる。プラトン自身の作品である『メノン』と『パイドン』も翻訳されてはいたが、ほとんど完全に無視されていた。

アラビア語からの翻訳は[4]、アリストテレスのテクストを供給したという点に劣らず、イスラーム世界からファルサファとユダヤ哲学をラテン世界にもたらしたという点で重要である。アラビア語からラテン語への翻訳作業には二つの主要拠点があった。トレド（一二世紀半ばから一二世紀後半）と一三世紀前半のシチリアである。一二三〇年頃までに、アヴィセンナの『治癒の書』の大部分（論理学の幾つかの部分、形而上学と魂についての節）、ファーラービーの著作の一部、ガザーリーの『哲学者の意図』、様々なタイプ[5]とジャンルのアヴェロエスの註解、イブン・ガビロルの『生命の泉』がアラビア語から、マイモニデスの『迷える者の手引き』は〔アラビア語からなされた〕ヘブライ語の翻訳から、ラテン語に翻訳された。

一二〇〇―一三五〇年の大学に所属した神学者

中世のあらゆる哲学者のなかで最もよく知られているのは、少なくとも人生のある時期をパリ大学（トマス・アクィナスやドゥンス・スコトゥス）やオックスフォード大学（スコトゥスやウィリアム・オッカム）で学んだり、教えたりした神学者である。彼らは、大学における神学で主流派をなした二つの修道会であるドミニコ会（アクィナス）とフランシスコ会（スコトゥスやオッカム）に属していた。

本書の冒頭で示された、この三人のなかで最も有名な人物であるアクィナス（一二二五頃―七四）の固定観念《ステレオタイプ》に満ちたイメージは、中世哲学全体を歪めたのと同じくらいアクィナス自身が目指したものと彼の功績を歪めている。アクィナスは、とくに初期にアヴィセンナに影響を受けた。しかしアクィナスは、知性に関するアヴェロエスの見解を強く否定した（第7章を参照）とはいえ、アヴェロエスにかなり似ている。アクィナスはアヴェロエスと同様に、アリストテレスは適切に理解されるなら大半の哲学的問題について正しいと考えていた。しかし、アクィナスはアヴェロエスとは違って、神学はアリストテレス的科学に取って代わられるものではなく、アリストテレス的科学を完成させるものだと考えた。アリストテレスに関して、さらに詳しい知識を得て、それを他の人々と分かち合うために、アクィナスは後期に数々のアリストテレスの著作について、アヴェロエスの「大註解」に近いスタイルで詳細な註解を書くようになった。アクィナスは、一つの実体には一つしか実体形相がないという見解（「実体形相唯一説」）のように、キリスト教信仰に特徴的な内容を説明することをより困難にするようなものであっても、[★6] アリストテレスの真の見解だと自分が信じるものに固執したのである。

当時、アクィナスはアリストテレスの見解を受け入れすぎていると考える人は多かった。（少なくとも表面上は）仲間であるドミニコ会士には支持されていたが、アクィナスの見解の多くはいたるところで否定され、アクィナスの「誤り」を正す多数の論文が書かれた。教会の多くの人がアクィナスを哲学と神学の主要な権威とみなし、アクィナスの『神学大全』が神学の教科書として使われ始めたのは一六世紀になってからである。そして、一八七九年、教皇レオ一三世の回勅「アエテルニ・パトリス」によって、ようやくアクィナスは、カトリック教徒が当時の思想に見られる（キリスト教に対して）敵対的な風潮と闘うために学ぶことが推奨される「スコラ哲学の集大成」を代表する人物とされたのである。

ドゥンス・スコトゥス（一二六五／六六―一三〇八）も、注意深く、敬意を払ってアリストテレスを読んだ。一三世紀から一四世紀に移る頃には、アリストテレスは、いっそうよく知られるようになっていた。しかし、スコトゥスはフランシスコ会の伝統に属していた。フランシスコ会の伝統は、アクィナスの時代にはボナヴェントゥラ（一二二一―七四）が擁護したもので、アリストテレスに反対し、人間の知性と意志の能動的な力を強調していた。こうしたフランシスコ会の思想傾向と神の完全な自由を強調したいという願望に導かれて、スコトゥスは、普遍と個別化（第6章を参照）から可能性と必然性の意味（第8章を参照）、認識論、倫理学にいたるまで、自分が触れたほぼすべての神学的・哲学的問題について再検討をすすめたのである。スコトゥスには、非常に注意深い探究の後に初めて見分けることができるような、現実にあるが隠れている実在の特徴だと彼が主張するもの[★7]を発見することによって、問題を説明する傾向があった。ウィリアム・オッカム（一二八八頃―一三四七）はスコトゥスと根本的に同じ目標（人間知性・意志の能動性と神の完全な自由の強調）をもっていたが、こうした形而上学には非常に批判的であった。オッカムが支持したのは、個物とその性質からなる、抜本的に単純化された唯名論の世界像である。オッカムは、心的言語の理論を用いることで、また心的言語と世界との関係を考察することで、唯名論の世界から出発して、事物がどのように存在しているのかについて満足のいく説明をすることができると信じていた。

一三世紀半ば以降、高度な訓練を受けた哲学者兼神学者が次々に現れた。彼らの多くが、当時の重要な問題に対して独自の回答をした。本書のなかでは、彼らのごく一部にしか言及する余裕がない。ヘールズのアレクサンデル（一一八五頃―一二四五）は、大学での神学におけるフランシスコ会の伝統を確立した。アレクサンデルに帰されているが、実際は彼の弟子たちによって書かれた膨大な『〔神学〕大全』は、一三世紀前半の哲学的神学で最も印象的な作品である。アルベルトゥス・マグヌス（一二〇〇―八〇）は、主にケルンで活動し、アクィナスの師であったが、アクィナスよりも長生きした。アルベルトゥスは、新しく翻訳された文献の使用における先駆者で、古代とアラビア思想の広大な知識を誇っていた。ファーラービーとアヴィセンナのなかに発見した流出の体系がとくに彼を魅了した。アルベルトゥスは『原因論』を、アクィナスがプロクロスの『神学綱要』に由来することを明らかにした後でさえ、アリストテレスの形而上学を完成させる作品として扱い続けたのである。フライベルクのディートリッヒ（一二五〇頃―一三一八／二〇）やマイスター・エックハルト（一二六〇―一三二七／二八）を含むドイツの神学者の独特な一派は、とくにアルベルトゥスを参考にした。

アクィナスのすぐ後の時代で最も影響力をもったパリの神学者はガン〔ヘント〕のヘンリクス（一二一七頃―九三）であった。じっさい、スコトゥスは自身の独自な見解の多くを、ヘンリクスに反対するなかで展開したのである。ヘンリクスとは対照的に、ペトルス・ヨハネス・オリヴィ（一二四八―九八）は、おそらく独創性と大胆さのゆえに、ほとんど名声を享受することがなかったし、一定期間教えることを禁じられもした。しかし彼は、スコトゥスが展開することになる知識と意志についての数々の見解を先取りしていたのである。オックスフォードでは、オッカムが、一三二〇年代から一三三〇年代で唯一の才気に富んだ哲学者だったわけではない。オッカムと同時代に、ウォルター・チャットン(一二九〇頃―一三四三)がスコトゥス主義を擁護してオッカムと論争した。他方でドミニコ会士ロバート・ホルコット(一二九〇頃―一三四九)は、オッカム主義の考えの多くを取り入れ、そうした考えについて、大学外のより広い読者のために書いていた。

一二〇〇―一四〇〇年頃の西ヨーロッパにおける学芸学部教師と大学外での哲学

神学者は皆、高度なアリストテレス主義の訓練を受けていたが、アリストテレスの熱烈な支持者は、神学部よりもはるかに大きかった学芸学部《リベラルアーツ》[★8](第5章を参照)の教師たちのなかにいた。教師たちは、啓示された真理については議論せずに、理性を用いてアリストテレスを理解し、説明することに自分たちの使命を見出していた。一三世紀半ばのパリで最も有名な学芸学部教師はブラバンのシゲルスである。ダンテはシゲルスをボエティウス、アクィナス、アルベルトゥス・マグヌスと共に天国(『神曲』天国篇、第十歌、一三六行)に置いた。しかしシゲルスは、知性に関してアヴェロエスの見解を採用したために、アクィナスやその他の人々に糾弾された。シゲルスと同時代の人物であるダキアのボエティウスは、キリスト教の教義に反する場合であっても、学芸学部教師はアリストテレス的科学に従う義務があるということについて、最も明断で洗練された擁護の一つを行った。学芸学部教師が何かを主張するときはいつでも、その主張は当人が従事している特定の学問分野の原理によって制約されていると理解されるべきである。例えば、アリストテレスに同意して世界に始まりはないと主張しなければならないと自然科学者が断言する場合、彼は実質的には「自然科学の諸原理によれば、世界には始まりがない」と言っているのである。したがって彼は、厳密に言えば、世界には始まりがあるというキリスト教の教義に反する主張をしているわけではないのである。

一四世紀初頭のパリで、ジャンダンのヨハネス(一二八五／八九―一三二八)は、前世代に引き続き、アリストテレスをキリスト教の教義が要求するところから厳密に区別して、自分自身(学芸学部教師)の観点から解説することに熱意を燃やした。ヨハネスは、彼以前の教師たちよりもアヴェロエスの註解をはるかによく知っていて、「アヴェロエス主義者」として名を馳せるようになった。といっても、ひたすらアヴェロエスに追従していたわけではない。場合によっては、神学者の最近の動向を取り入れて、自分のアリストテレス解釈を形成したのである。ヨハネスの同僚だったパドヴァのマルシリウスは、『平和の擁護者』(一三二四年)で、ヨハネスらが設けたのと同様の、理性の領域と信仰の領域との間の明確な区別を政治哲学で実行した(第9章を参照)。

一六世紀まで学芸学部教師は、とりわけイタリアで、しかし一四世紀後半のエアフルトと一五世紀のクラクフでも、アヴェロエス的なアリストテレス主義を推進し、アヴェロエスの知性論(知性単一説)を用いて、理性に基づく自分たちの教えとキリスト教の教義をきわめて明確に区別した。アヴェロエスの知性論を認めない者たちも、自分たちの領域を神学者の領域から切り離すことに等しく熱心だった。ジャン・ビュリダン(一三〇〇頃―六〇)は、こうした学芸学部教師たちのなかで最も重要な人物である。

おそらく(アベラールとならんで)ラテン中世を通して最も優れた論理学者であるビュリダンは

パリ大学学芸学部で四〇年間教鞭を執り、一種の唯名論を唱えた。純粋に心的・言語的な区別を採用して存在論の目録を抜本的に薄くするという[9]オッカムと同じ目的を、ビュリダンはオッカムほど攻撃的になることなく達成した。ビュリダンは、キリスト教の教義が要求する見解に反対する議論を退けるために自分の技術を使うことにやぶさかではなかったが、無からの世界の創造や魂の不死を支持するような議論を理性を用いてすることはできないと主張していることはきわめて明白だった。

一二〇〇年以降、ヨーロッパでは哲学は主に大学でラテン語で学ばれていたが、例外はあった。ライムンドゥス・ルルス(一二三二―一三一六)は、マリョルカ島の出身で大学教育を受けていなかったが、ラテン語、カタルーニャ語、アラビア語で、膨大な量の作品を書き、一風変わった形式の論理学を考案し、[10]アヴェロエス主義を攻撃し、改宗するようにイスラーム教徒を説得しようとした。エックハルトは、幾つかの彼の最も大胆な着想を、ドイツ語の説教のなかで在俗信徒に示した。〔イタリア語で書かれた〕『神曲』のなかで、ダンテ(一二六五―一三二一)は、アリストテレスやアクィナス、アルベルトゥス・マグヌスおよびその他の哲学者の著作から得た着想を展開している。〔同じくイタリア語で書かれた〕『饗宴』は独立した哲学的論考であり、学芸学部教師の思想に近い。そして『帝政論』は、中世にラテン語で書かれた政治哲学の著作のなかで、おそらく最も理路整然とした斬新な作品だ(第9章を参照)。ラテン語に古典的な形式と優雅さを復活させ、ギリシア語を学び、古代世界のあらゆる文学と哲学を重んじる運動である人文主義の起源は大学の外にあった。初期の人文主義の提唱者として最も有名なペトラルカ(フランチェスコ・ペトラルカ、一三〇四―七四〕は大学〔ないしは大学の哲学・スコラ哲学〕に対して敵愾心を燃やしたが、人文主義は大学と対立関係にあったわけではない。

後期ビザンティン哲学

ビザンティン圏には、古代の諸学派に遡るアリストテレス註解の伝統があった。その伝統は一つの大きな問題を抱えていた。異教の哲学者の文献《テクスト》を熱心に研究する学者は、しばしば「ヘレニズム」を咎められ、異端として断罪されることになった。ミハイル・プセロス〔一〇一八―九六〕は、後期プラトン主義者の手による、甚だしく異教的な文書に強い関心を抱いていたが、なんとか断罪を免れることができた。他方でプセロスの弟子であるヨアンネス・イタロスやニカイアのエウストラティオス〔一〇五〇頃―一一二〇頃〕は、アリストテレスを註解することに専念していたが、断罪を免れることができなかった。この三人の誰についても、異教のギリシアの遺産を再興しようとしているという恐怖は見当違いも甚だしいものだったが、プラトンと古代末期のプラトン主義者の熱烈な支持者だったゲミストス・プレトン〔一三六〇頃―一四五二／五四〕の場合には正当化されただろう。

偽ディオニュシオスと証聖者マクシモスに遡る神学的指向をもった伝統は、アトス山の修道僧だったグレゴリオス・パラマス〔一二九六―一三五九〕によって引き継がれた。パラマスは、天国で祝福された人でさえ、神〔の本質《ウーシア》〕を知ることはまったくできないと主張した。しかしパラマスは続けて、神は自らを顕示するのであって、特殊な祈り★11を実践する人々〔ヘシュカスト〕は神のはたらき《エネルゲイア》を現世で知ることができると主張した。カラブリア〔あるいはセミナラ〕のバルラアム（一二九〇頃—一三四八）のような、ラテン神学者に近いアプローチを好む著作家はパラマスに反対した。コンスタンティノープルにラテン帝国（一二〇四—六一）が成立して以降、アウグスティヌス、ボエティウス、アクィナスやその他のスコラ神学者の作品がギリシア語に翻訳され、翻訳を用いてラテン哲学・神学がビザンティン圏で研究されるようになっていた。しかしバルラアムはアクィナスよりも神学的知識の可能性に対してはるかに懐疑的な態度をとり、東西教会の教義の違いは、人間が真理を知ることができないような問題に関わっていることを両者が認めることで解決できると示唆するまでに至った。

一二〇〇—一三五〇年のユダヤ哲学

アラビア語で営まれたユダヤ哲学は、マイモニデスの死と西方イスラーム文化に基づいた哲学の伝統の終焉とともに絶えたわけではない。神秘主義的傾向をもった思想〔カバラ〕以外に、アラビア文化にきわめて溶け込んでいて、とくにユダヤ的には見えないユダヤ哲学者が存在した。そのうちの一人が、先〔第2章〕に論じたアブー・バラカート・バグダーディーである。彼は、生涯の最後にイスラーム教に改宗した。しかし、おそらくはユダヤ人であったおかげで、アヴィセンナ主義を外部からみることができ、アヴィセンナ主義に対して最も影響力のある批判者になることができたのだろう。このようにアラビア文化に溶け込んでいた（最終的にイスラーム教に改宗したのかもしれない）もう一人のユダヤ哲学者がイブン・カンムーナである。カンムーナはアヴィセンナとスフラワルディーを註解し、トゥースィー（一二〇一―七四）を読み、トゥースィーと書簡を交わした。

しかし一三世紀以降、「ユダヤ哲学」と特徴づけられるような哲学は、主にヘブライ語で、キリスト教支配下のヨーロッパ、とりわけ南フランス、スペイン、後にはイタリアのユダヤ教徒共同体で営まれた。その営みは中世で第三番目の大きな翻訳運動に依存していた。[★12] マイモニデスの哲学的傑作『迷える者の手引き』は、ほとんど書かれるやいなや二種類のヘブライ語の翻訳が出た。アヴェロエスの著作の大半もヘブライ語に翻訳された。ユダヤ思想家はアリストテレスのテクストそのものを読むよりも、アヴェロエスの要約〔小註解〕を読んで註解する傾向にあった。ガザーリーの『哲学者の意図』とイブン・トゥファイルの哲学的小説〔『ヤクザーンの子ハイイの物語』〕、アヴィセンナの作品の幾つかもヘブライ語に翻訳されたが、アヴィセンナの影響は限定的だった。

『迷える者の手引き』は、キリスト教支配下のヨーロッパのユダヤ教徒共同体で重要かつ論争を呼んだテクストであった。幾つかのユダヤ教徒共同体では、マイモニデスはアリストテレス的科学から多くを受け入れすぎたと考える人々によって禁書とされたこともあった。対照的に、一三世紀後半のアルバラグのように、マイモニデスは宗教上の教理の要求に譲歩しすぎたと考えた思想家もいた。また、『迷える者の手引き』の翻訳者の一人であるサミュエル・イブン・ティボンのように、文字通り言っていることよりもずっと急進的なアリストテレス主義の教説をひそかに含意しているものとして読む者もいた。アルバラグは、アヴェロエスから伝承されたアリストテレスに従った。しかし、例えばナルボンヌのモーセス（一三〇〇頃―一三六二以降）のように、〔アヴェロエスの著作を註解することで〕アヴェロエス主義をもっと直接的に取り上げた思想家もいた。

アヴェロエス主義をもっと直接的に取り上げた哲学者のなかで最も広範囲の仕事をし、革新的であったのは、レビ・ベン・ゲルソン（「ゲルソニデス」、一二八八―一三四四）である。論理学者、多産な〔主にアヴェロエスの註解の〕註釈家、かつ『主の闘い』の著者であるゲルソニデスは、『主の闘い』のなかで、マイモニデスを悩ませた哲学的問題の多くをあらためて探求した。ゲルソニデスはアヴェロエスを用いたが、アヴィセンナも用い、自分自身の議論をためらうことなく押し進めて、場合によっては――例えば、神の予知に関して〔第8章を参照〕――非常に急進的な結論に至った。

一二〇〇―一六〇〇年のアラビア哲学

イブン・アラビー（一一六五―一二四〇）は、〔第2章で論じた〕より短命な同時代人のスフラワルディーと同様に、イスラームの知的伝統において著名な人物である。後世の哲学者に影響を与えたが、哲学史の端に位置づけられることが多い。こうした位置づけは、アラビーがアヴィセンナやアリストテレス、そしてギリシア哲学の伝統全体に対して反対する立場をとったことと神秘主義の主張に原因がある。しかしアラビーは哲学的な語彙を用いて自分の考えを表明している。イブン・アラビーが、当時の卓越した哲学者・神学者であったファフルッディーン・ラーズィー

（一一五〇頃―一二一〇）へ宛てた書簡が残っている。アラビーはラーズィーの学識を認めつつも、真の知恵は推論によらない、神秘的な途〔神秘体験〕を通してのみ得られると忠告している。しかし、こうした忠告にラーズィーが感銘を受けることはおそらくなかっただろう。ラーズィーは注意深い議論と多様な見解や議論の比較考量を特徴とする作品を残している。ラーズィーは、ガザーリーに影響を受けた、アヴィセンナ哲学とカラームを総合する、またアヴィセンナの支持者と批判者を総合する思想史上の過程《プロセス》における中心人物である。

　ラーズィーはアヴィセンナの『指示と警告』やコーランについて註解を書いた。また、カラームの伝統に連なる論考とアヴィセンナの伝統に連なる哲学的百科全書を書いた。そして、カラームに関連する議論を哲学的作品に導入し、哲学的な話題をカラームに導入することを許容した。アヴィセンナはモデルであり権威でもあるが、ラーズィーは、自身の〔洗練され、かなり成熟した〕アシュアリー学派の立場とバグダーディーの見解[★13]の双方に照らしあわせてアヴィセンナを批判している。とくに重要なのがラーズィーの『哲学提要』である。この作品のなかでラーズィーは哲学の伝統的な分類を刷新した。この作品は、イージー（一三五五没）の『カラームの学における諸段階』のように、カラームの伝統下にある論考に強い影響を及ぼした。イージーのこの作品は、この作品自体についての註解の伝統を築きながら、幾世紀にもわたってカラームを教えるのに広く使われた。

　ラーズィーの作品はまた、より哲学に特化した『大全』の出発点となった。[★14] ラーズィーの弟子の弟子と言われているアブハリー（一二六五没）とその弟子キタービー（一二七六没）は影響力のある百科全書的な哲学の説明を書いた。その説明のなかでは、アヴィセンナ自身〔ほとんど姿を消してしまっている〕よりもむしろラーズィーが参照されている。哲学の区分はやり直され、幾つかの点でアリストテレスのものに近い区分へと戻っている。また、スフラワルディーに由来する要素が議論に加えられている。

この二人〔アブハリーとその弟子キタービー〕の生きた時代はモンゴル侵入と重なる。しかし、彼らは、信仰とトゥースィーに対する忠誠の点で政治的な能力と柔軟性にたけていたおかげで、また一二五九年にマラーガ〔またはマラーゲ、現イランの都市〕天文台を設立するような雰囲気のなかで、論理学、哲学、天文学の仕事をすることができた。トゥースィーは、才気に満ちた神学者、倫理・政治思想家、論理学者、数学者、科学者、そしてひょっとすると何と言っても天文学者で、[★15]多くの著作を残した。哲学においては、〔アヴィセンナの〕『指示と警告』の註解がとりわけ重要な作品である。そのなかで、トゥースィーは、幾つかの〔アヴィセンナに対する〕批判をしてはいるが、ラーズィーの非難に対してアヴィセンナを擁護しようとしていることも多い。アヴィセンナにどのようにアプローチするかは、その後の数世紀も引き続き哲学的議論の中核をなす論点であった。ダッワーニー（一五〇一没）とダシュタキー父（一四九八没）子（一五四一没）との間で長期間にわたって交わされた議論はそのことを物語っている。ダッワーニーは、〔彼が註解した〕スフラワルディー、そしてイブン・アラビーの影響を受けたアヴィセンナ解釈をした。それに対してダシュタキー父子は原典により近い解釈をとった。

しかし、この時代〔一二〇〇―一六〇〇〕を通して最も独創的な思想の幾つかは、伝統主義の立場をとる神学者であるイブン・タイミーヤ(一二六三―一三二八)によって生み出された。タイミーヤは自分自身を、カラーム、アラビーが唱えたような神秘主義、そして哲学に対する反対者であると考えていた。カラーム、神秘主義、哲学はすべて異端につながると考えたからである。タイミーヤは唯名論を支持する議論をした。事物をいわゆる自然種(人間、花、石)に分類するのは単に便宜のためである、と彼は論じた。というのも、そうした分類の基盤となるような実在的な本質は存在しないからである。そしてタイミーヤは、アリストテレス的な論証に対して懐疑的な見解をとった。

一三五〇―一六〇〇年の大学での哲学と神学

一五世紀の、とりわけドイツ語圏とフランスの大学は、いわゆる「途《ヴェーゲ》についての争い《シュトライト》」に支配されていた。「途についての争い」とは、オッカムやビュリダンといった唯名論者の「新しい途《ウィア・モデルナ》」を継続しようとする人々と、「古い途《ウィア・アンティクア》」つまりアクィナスやアルベルトゥス・マグヌスといった一三世紀の教師たちの教えに回帰することを好む人々の間の対立である。その対立は普遍の問題に関するものだったと思われるかもしれないが、そうではない。それは、「新しい途」でとられたように、とりわけ初年次の学生に対する哲学教育が神学から厳格に分離されるべきであるかどうか、それとも「古い途」でとられたように、カトリックの真理を弁護するためにアリストテレスが用いられるべきかどうかという点に関する対立であった。このように関心はもっぱら過去の思想に対して(あるいはむしろ過去の思想を通して)向けられていたにもかかわらず、革新的な思想が生み出され続けたのである。

ジョン・ウィクリフ(一三三〇頃—八四)は、そうした対立が生じるより前に生涯をおくった。彼は、オックスフォードの先駆者たちが支持した唯名論を拒絶し、挑戦的で一風変わった独自の実在論の立場に立った論理学・形而上学を展開した。フランスでは、ヨハネス・カプレオルス(一三八〇頃—一四四四)が「古い途」を選び、トマス・アクィナスの弁護者としての地位を確立した。しかし、一三世紀には想定されていなかった問題に答えるために、アクィナスの著作を再編成しなければならなかった。ルーヴァンとケルンに新設された大学で教えたカンポのハイメリクス(一三九五頃—一四六〇)は、むしろアルベルトゥスを参照し、独自の体系的なアルベルトゥス的形而上学を展開した。

自由学芸がしばしば医学訓練の準備教育としてあった北イタリアの大学では、一四世紀末以降アリストテレス主義の伝統が発展した。ヴェネツィアのパウルス(一三六八/六九—一四二九)はオックスフォードで学び、後期中世論理学に関する膨大な概要(『大論理学』)を執筆した。アゴスティーノ・ニーフォ(一四七〇頃—一五三八)はあらゆる種類のアリストテレスの著作を(また一四世紀に翻訳されていたアヴェロエスの『矛盾の矛盾』も)註解した。この時代のほぼすべてのイタリアの学芸学部教師と同様に、ニーフォは、理性に基づいてアリストテレスを註解するという自分たちの仕事をキリスト教の教義から区別するという伝統の後に続いた。しかし、アリストテレスも理性も魂の不死を支持しないと論じた(第7章を参照)ピエトロ・ポンポナッツィ(一四六二—一五二五)に対しては激しく反対した。このような洗練されたアリストテレス主義は、一六世紀の終わりまで、パトヴァで教鞭を執ったヤーコポ・ザバレッラ（一五三三―八九）のような人物による註解のなかで存続した。

中世の伝統においてパリを活動の拠点とした最後の偉大な神学者は、唯名論者の傾向をもつスコットランド人のジョン・メージャー（あるいはメア、一四六七／六九―一五五〇）である。ジョン・メージャーは慣行となっていた方法によって、つまりペトルス・ロンバルドゥスの『命題集』を註解することで神学を教えたが、弟子のペトルス・クロッカートはアクィナスの『神学大全』を註解のテクストとして使うことに決めた。『神学大全』を註解することで神学を教えるというやり方はフランシスコ・デ・ビトリア（一四八六頃―一五四六）によって引き継がれた。フランシスコ・デ・ビトリアは、一六世紀に、スペインの大学に立て続けに現れた、優れた哲学者兼神学者の最初の人物である。一連の優れた哲学者兼神学者のなかで最も偉大なのはフランシスコ・スアレス（一五四八―一六一七）である。スアレスは当時好まれていたトマス主義者の思想傾向に従ったが、スコトゥスやオッカムにも強い影響を受けていた。スアレスは、アリストテレスのテクストから完全に離れて、独立した形而上学の論考（『形而上学討論集』）を書く決断をした。そして、順序立てて、あらゆる問題を注意深く詳細に検討した。スアレスは、スコラ学の伝統全体について含蓄ある説明を与えると共に、しばしば驚くほど独創的な解答を提示している。

人文主義と大学外でのラテン哲学

一五世紀から一六世紀にかけて、西ヨーロッパでは、歴史家の多くが新しい時代をもたらす原因になったと考えている、幾つかの大きな文化的変化があった――アメリカ大陸の発見と開拓、プロテスタンティズムの台頭、人文主義の発展である。人文主義の発展は、哲学書の新訳ブームをもたらした。プラトンやプラトン主義者の著作、古代のアリストテレス註解やアリストテレス自身の著作はより洗練されたラテン語に翻訳された。上述の一六世紀の哲学者と神学者は、世間とは無縁の、時代遅れの中世世界に閉じこもっていたように見えるかもしれない。しかし事実は正反対である。ビトリアとスペインの彼の後継者たちは、スペインの征服行為によって生じた倫理的な問題に深く関与していた(じっさい、ビトリアは征服行為をほとんど違法であると判定した)。またビトリアの後継者の多くは、スアレスのように、イエズス会士だった。イエズス会士は、プロテスタンティズムに対する反応として起こった対抗宗教改革の急先鋒をつとめていた。人文主義は自由学芸の授業に吸収されていった。哲学者のなかにはギリシア語を学ぶ者もいた。そしてすべての哲学者が、有用だと判断すれば新しい翻訳を用いた。しかし、非常に根本的な哲学の問題について、明晰に、そして洗練された仕方でアプローチすることを可能にする枠組や言語(一四世紀までのスコラ哲学で用いられていた概念・用語)を捨てることには乗り気でなかったことは理解できる。こうした彼らの態度を理解するには、今日の英語圏の哲学者が大陸哲学に対してとっている態度を思い浮かべてみるとよい。

大学の外には、むしろ人文主義者の理想にしたがって哲学しようとする思想家がいた。ロレンツォ・ヴァッラ(一四〇六―五七)は(概して失敗に終わったが)アリストテレス論理学を再編成しようとした。また、キケロ風の饒舌な対話形式を用いた倫理学著作(『快楽について』など)を残している。マルシリオ・フィチーノ(一四三三—九九)はプロティノスの翻訳と註解に没頭し、自覚的にプラトン主義的な哲学を構築した。そしてフィチーノは、そのプラトン主義の哲学がアリストテレス主義よりもキリスト教の正統教義を支持すると喧伝した。対照的に、ジョヴァンニ・ピーコ・デッラ・ミランドラ(一四六三—九四)は、アリストテレス主義、プラトン主義だけでなく、スコラ神学、イスラーム思想、ゾロアスター教、カバラといった伝統すべてを融合させるという途方もない計画に乗り出した。ピーコより控えめでいて成功し、折衷的ではあるが独自の見解をもっていた人物がニコラウス・クザーヌス(一四〇一—六四)である。ニコラウスはハイデルベルクで勉強したが、成功した教皇大使としてイタリアの知識人たちと知己を得て、当時プラトンが翻訳されていることを知った。ニコラウスは、(プロクロスと偽ディオニュシオス、エリウゲナを参考にして)とくに否定神学に魅力を感じ、神について思索するために「反対対立の合致」のような逆説を用いることを主張するに至った。

ヴァッラ、フィチーノ、ピーコ、そしてニコラウス・クザーヌスは「中世の」哲学者と対置されて「ルネサンスの」哲学者として記述されることが多い。「ルネサンス」というレッテルは、人文主義とイタリアの一四〇〇年代《クアトロチェント》の文化的潮流に深く影響を受けた、上掲の大学外の哲学者を特徴づけるのには役立つ。しかし中世哲学の後に来る時代区分を指すものとしては役に立たない。後期中世哲学についてのこの見取り図(本章)からも分かるように、事象(一二〇〇—一七〇〇年の西洋哲学史)全体がこうした時代区分と相いれないのである。

一三五〇―一六〇〇年のユダヤ哲学

ハスダイ・クレスカス（一三四〇頃―一四一〇／一一）は、スペインのユダヤ教徒共同体が攻撃されていた時代の、★16 彼らの指導者であり、ゲルソニデス以上に大胆であると同時にゲルソニデス以上の伝統主義者でもあった。クレスカスは、アリストテレスの自然学理論および宇宙論の多くに対して強力な反論を見つけることによってアリストテレスを哲学的に攻撃して、伝統的なユダヤ教信仰を擁護した。クレスカスは、マイモニデスとアヴェロエスに遡るユダヤの伝統でよく見られた、最高の幸福は哲学者にのみ開かれているという見解を斥けた。

クレスカスがキリスト教神学・哲学の知識（おそらくスコトゥスの思想もいくばくか含む）の影響を受けていた可能性は非常に高い。おそらくゲルソニデスも、少なくとも方法論上は、スコラ的な教育を受けたラテン学者の影響を受けていた。ゲルソニデスなら彼らと現地の言葉で話すことができただろう。そしてすでに一三〇〇年頃のイタリアでは、ヘブライ・トマス主義のようなものも存在していた。一五世紀、イタリアとスペインでは、ユダヤ哲学者へのキリスト教思想の影響が強まり、各地で見られるようになった。エリヤ・デルメディゴ（一四五八頃―九三）はパトヴァで教え、ヘブライ語とラテン語で哲学著作を残した。デルメディゴは、多くの点でいくぶん古めかしいユダヤ・アヴェロエス主義者であり続けたが、アクィナスに対して詳細な批判を展開することができるような人物でもあった。ラテン語を読むことができないユダヤ人のために、アリストテレスのテクストがラテン語（ものによっては人文主義者による新訳）からヘブライ語に翻訳された。またアクィナスやアクィナスの追随者（トマス主義者）の著作、スコトゥス主義者のテクスト、論理学作品がヘブライ語に翻訳された。ユダヤ思想家のなかには、直接的にであれ間接的にであれ、学芸学部教師や大学の神学者たちのテクストについての広汎な知識を披瀝《ひれき》しながら、スコラ神学者に特徴的な問題や、問題に対処するのに用いられた手法をとりあげる者もいた。

いつ中世哲学は終わるのか?

一四五三年のコンスタンティノープルの陥落に伴った東ローマ帝国の終焉によって、ビザンティンの哲学の伝統はかなりはっきりとした終点を有している。イスラームの地においては、一六世紀初頭がある種の断絶を示している。一六世紀初頭まで、イスラーム世界の大半を領土とする三つのムスリムの帝国が存在した。オスマン帝国、インドのムガル帝国、そして最も新しいペルシアのサファヴィー朝の帝国である。哲学は、それぞれの伝統のなかで単独に展開する傾向にあった。——少なくとも論理学についてこのことは確かに言える。しかし、根底にある伝統は中世の伝統と連続したものであった。

ペルシアでは、同じ頃に生涯をおくったデカルトより少々年上のムッラー・サドラー(サドルッディーン・シーラーズィー、一五七一頃—一六三六)が中心的な人物であった。ムッラー・サドラーはイブン・アラビーの神秘主義とスフラワルディーの照明哲学に依拠していたが、理性的議論に真剣に取り組み、アヴィセンナ(サドラーはアヴィセンナの『治癒の書』を註解した)、そして最終的にはアリストテレスにまで遡る伝統と密接な関係をもっていた。サドラーの傑作『知性の四つの旅』は、構想において、アヴィセンナ、イブン・アラビーとファフルッディーン・ラーズィーを一気に参照している。それに対して、同時代を生きたミール・ダーマード(一六三〇没)は、より忠実なアヴィセンナ主義をとることで、アヴィセンナと照明哲学および神秘主義を混合するムッラー・サドラーに対抗し、すでに何世紀にもわたって繰り広げられてきた〔アヴィセンナの解釈・受容をめぐる〕議論を続けたのである。その後も中世アラビア哲学の伝統は続いた。例えば、ラーズィーとトゥースィーの『指示と警告』の註解はともに二〇世紀に至るまで研究されることになった。ムッラー・サドラーのアブハリーの百科全書についての註解は一八世紀のインドで教科書になった(このことは、テクストが、それが書かれた地理的な場所に完全に制約されるものではなかったことの証である)。

ヨーロッパにおけるヘブライ語の哲学の伝統は、一五世紀のイタリアとスペインに集中的にみられる。その伝統は、一四九二年にユダヤ人がスペインから追放された時、突然スペインの地からは根こそぎ失われることになったが、他の場所でしばらくの間生きのびた。マイモニデス以後のユダヤ哲学者の多くに対して強力な批判を行ったイサク・アブラバネル(一五〇八没)はイタリアで生活することになった。レオーネ・エブレオ(一四六五頃—一五二一以降)として知られるイサクの息子のユダ〔イェフダ〕は、イタリア語で(おそらく書かれ)出版された『愛の対話』のなかで、ユダヤ教の影響とプラトン主義の影響を融合している。一六世紀には、イタリアのユダヤ人は、自分たちの知的関心を次第にカバラに向けるようになっていった。しかし、トルコのオスマン帝国に渡ったスペインのユダヤ人は、一六〇〇年頃までヘブライ語で哲学的営みを続けたのである。

通常の史料編纂にしたがうと、西ヨーロッパでは近世哲学はルネ・デカルト(一五九六—一六五〇)、ジョン・ロック(一六三二―一七〇四)、バルーフ・スピノザ(一六三二―七七)、ゴットフリート・ヴィルヘルム・ライプニッツ(一六四六―一七一六)といった哲学者たちとともに一七世紀に始まる。彼らは、新しい機械論的自然学を採用し、アリストテレス的でプトレマイオス的な宇宙論、そしてアリストテレス的形而上学の多くの部分を否定することでスコラ学の伝統から一線を画した。

デカルトの前半生と生涯が重なるスアレスは、最後のスコラ学者(あるいは、先に説明したように、誤って、[★17]復活した「銀の時代の」スコラ学者)とみなされている。こうした一般見解には最近になって価値ある進展があった。専門家が、「近世」の哲学者に対してスコラ学の伝統が重要な影響を与えたことを認識するようになったのである。デカルト自身アクィナスを読んだことを認めている。そしてデカルトは、彼自身が認めようとする以上にスコラ学の伝統に近い。スピノザはマイモニデスとクレスカスに――深くと言う人もいるだろう――影響を受けていた。そして、雑食的読書家であり、それ以前の何世紀にもわたる哲学の伝統全体に精通していたライプニッツは、デカルトが排除したアリストテレス的形而上学に由来する諸概念を再び自らの思想に取り入れたのである。

しかし哲学史家はさらに進んで、一七世紀初頭のある時期に、スコラ学と近世哲学の間に断絶が生じたという考えをまるごと捨て去る必要がある。(プロテスタント諸国の大学では、アリストテレス的形而上学はすでに見捨てられていたものの)大学では、アリストテレスを中心とするカリキュラムは一六七〇年代以降にようやく変更されはじめた。スアレスはスコラ学の伝統における最後の偉大な著作家としてではなく、一連の「バロック」スコラ学者の最初の人物と見なすことができる。そしてバロックスコラ学者は、時として折衷家であったが、哲学者であった。バロックスコラ学者に含まれるのは、ヨハネス・ア・サンクト・トマ(一五八九—一六四四)——その名前〔ア・サンクト・トマ〕が理論上トマス・アクィナスに帰属していることを告げている——、唯名論的な指向をもったトマス主義者ペドロ・フルタド・デ・メンドーサ(一五七八—一六四一)と弟子のロドリゴ・デ・アリアガ(一五九二—一六六七)、スコトゥス主義者のバルトロメオ・マストリ(一六〇二—七五)、博識家の革新者であるファン・カラムエル・イ・ロブコヴィッツ(一六〇六

図5　哲学者の〔設計した〕教会．ヴィジェーヴァノ〔イタリア北部ロンバルディア州の都市〕のドゥオーモ．17 世紀の哲学者で博識家のファン・カラムエル・イ・ロブコヴィッツによって設計された．

一八二、図5を参照）などである。そして、一六世紀と一七世紀の大学の伝統のなかで哲学のカリキュラムを設定する多様な方法が存在したことは、一九世紀に至るまで、ヨーロッパ各地における哲学の方向性に影響を与えることになる。

4　中世哲学の諸領域

論理学

一つには、アリストテレスの論理書をカリキュラムの始めに置くプラトン派の名残で、論理学は中世哲学において、現代の分析哲学と同じくらい重要な位置を占めていた。今日のように、論理学は、高度な技術的洗練を伴いながらそれ自体のために研究されるとともに、論理学が議論の形式を定める、哲学の領域すべてにわたって道具として用いられた。今日との重要な違いは、現代論理学者は数学的体系を発展させていて、数学的体系が日常言語に翻訳されるべきだとしている点にある。中世論理学は、多かれ少なかれ形式的であるものの、現代論理学とは対照的に、日常言語とのつながりを失うことは決してなかった。

アリストテレスの論理学の「オルガノン」（文字通りには（ギリシア語で）「道具」の意）は通常以下の六つのテクストから成る。〔1〕『カテゴリー論』（実際は基礎形而上学についての論考）——ポルピュリオスの『エイサゴーゲー』（（ギリシア語で）「入門」の意）は、この書物についての予備的説明と見なされていた――、〔2〕『命題論』(意味論と言表の論理的関係についての論考)、〔3〕『分析論前書』(アリストテレスの論理的議論の体系である三段論法論を整理して説明している)、〔4〕『分析論後書』(科学的知識論を構築するのに三段論法論を用いている)、〔5〕『ソフィスト的論駁について』(誤謬推論についての論考)、〔6〕『トピカ』(一般的に承認されている命題に基づく議論についての論考)である。アリストテレス以外の偉大な古代論理学の伝統であるストア派論理学の伝統は、ボエティウスの混乱した説明を除いては、ほとんどまったく知られていなかった。

論理学は、ラテン・キリスト教哲学、ギリシア・キリスト教哲学、アラビア哲学、ユダヤ哲学の四つの伝統すべてにおいて繁栄したが、今のところ知られている革新的なユダヤ論理学者はゲルソニデスに限られる。ビザンティン論理学は評価しにくい。アリストテレス論理学に関する中世のギリシア語の註解が大量に、しかもその大半が出版されないまま存在している。それらの註解は、明らかに、モデルにした古代のアリストテレス註解にかなり依存していて、何か独創的な要素があるとすればそれが何かはいまだに特定されていない。したがって、アラビア語とラテン語の論理学の業績に集中するのが得策である。アラビア論理学とラテン論理学を比較するのは大変面白い。なぜなら論理学の分野では、アラビア語の文献はラテン語の著作家にほとんど影響を与えなかったからである。したがって、同じ古代の文献について、二つの平行する伝統のなかでの、受容と発展のレベルを(比較しつつ)考察することができるのである。

アラビア語の伝統では、「オルガノン」のすべてが早くから入手できた。そればかりか、たいていは、それ以外に『弁論術』と『詩学』という、アリストテレスの二つの作品も一緒に入手することができた。ファルサファの主唱者たちが最も感銘を受けた作品は『分析論後書』だった。というのも、その書物は、論証、つまり変わることなく真であるような前提をもつ三段論法の議論を通して確実な知識を得る方法を教えたからである。彼らは『分析論後書』と対比して、〔『弁論術』と『詩学』を加えた〕拡張版オルガノンの残りの書物は、哲学者に足る知的能力に恵まれていない人でも、ある程度真理を把握することができるような、十全な意味では科学的ではない方法を整理して説明していると解釈した。まったくのところ詭弁的三段論法は誰しも避けるべきであるが、詩的・修辞的三段論法は、全体的もしくは部分的に感情に訴えるもので、大衆を説得するための正しい手段である。さらに、ファーラービーとアヴェロエスによれば、この議論形式〔詩的・修辞的三段論法〕こそが、コーランで用いられているのである。ガザーリーをはじめとしたカラームに基礎をもつ著作家が用いたのは、『トピカ』で論じられているような種類の三段論法である、弁証法的三段論法であるとアヴェロエスは考えた。しかしアヴェロエスは弁証法的三段論法の有用性には疑念を抱いた。というのも、アヴェロエスによれば、弁証法的三段論法は大衆を説得するために必要とされるもの以上でありながら、厳密な意味で科学的な論証を与えるわけではないからである。

しかし、とくにガザーリーのおかげで、論理学、とりわけ論証理論の基礎をなす『分析論前書』の形式的な三段論法論は、ファルサファよりも長続きした。ガザーリーは、イスラーム教の宗教教育の一環として、論理学を神学だけでなく法学にとっても不可欠なものとして確立するのに貢献した。その結果、論理学は広く教えられるようになった。また、論理学の基礎はアリストテレス自身のテクストではなく、アヴィセンナ〔の著作〕にあったので、外からイスラームに移入されたもののようには見えなかったのである。しかし一三世紀には、アヴィセンナの考えは残ったが、テクストは姿を消した。論理学は新しく書かれた手引き書(なかでも最も有名なのはカーティビーの『シャムスッディーンの論理学』だった)[★1]によって教えられはじめた。これらの手引き書は後にそれ自体が註解の対象になる。アヴィセンナはアリストテレスの論理学を修正・拡張し、『分析論前書』で想定されていたよりもはるかに多様な形式の様相文(可能性と必然性に関わる文)と様相文によって構成される三段論法を分析した。その後の論理学者はアヴィセンナの遺産を足がかりにした。アヴィセンナの見解に強く異議を唱える者もいれば、アヴィセンナの見解を支持する者もいた。アリストテレスから継承された(アリストテレス自身のテクストは姿を消して久しかった)三段論法論の枠組全体のなかで、アラビア論理学者たちはゆうに一八世紀に入っても革新を続けたのである。

一三世紀まで、ラテン論理学者は、ボエティウスらによる論考によって補完された、縮小版「オルガノン」(『エイサゴーゲー』『カテゴリー論』『命題論』だけを含む、一一三〇年頃からは『ソフィスト的論駁について』も含む)に基づいて仕事をした。彼らは、論理学以外の分野の他の古代の哲学書をごくわずかしか持っていなかった。だから、このシラバス〔縮小版オルガノン〕に基づいて哲学を営む方法全体を発展させたことはおそらく驚くべきことではないだろう。彼らは、『エイサゴーゲー』と『カテゴリー論』を彼らの形而上学の基礎に用い、『命題論』を言語哲学と心の哲学に用いた(そして、どの書物を用いる場合でも、ボエティウスの註解にある古代末期の解釈の豊富な抜粋から議論が引きだされている）。論理学と文法学の密接な関係は、論理学的かつ言語学的な分析の方法の発達を促進した。ラテン論理学者のなかで最も才気に富んでいたピエール・アベラールは、よりテクニカルな側面での革新ももたらした。ストア派論理学が文の論理〔命題論理〕について考察していたのに対し、アリストテレス的な三段論法論は、述語の論理的な関係を考察するものであった。アベラールは、ストア派論理学に関するボエティウスの誤った説明に着想を得て、文の論理の体系を刷新したように思われる。

一三世紀以降、ラテン論理学者は、「オルガノン」のすべてを研究した（しかし通常は〔アラビア論理学の伝統と異なり〕論理学の一部としては、『弁論術』と『詩学』を研究することはなかった）。〔アラビア論理学者と同様に〕ラテン論理学者も『分析論後書』のなかにある「論証」という考えに感銘を受けていた。しかし、論証を、神学者とは異なる、哲学者に固有の方法とみなしたわけではない。むしろ彼らは、どうして神学自体をアリストテレスの科学的知識と見なすことができるのかを考察した。アラビア論理学者と違って、ラテン論理学者は一七世紀までアリストテレス自身のテクストを綿密に註解し続けたが、手引き書では論理学の様々な領域を長大に論じた。手引き書で論じられたのは、いわゆる「ロギカ・モデルノールム」（「現代論理学」の意）であり、アリストテレスが発展させなかった論理学の諸領域である。手引き書で論じられた新しい論理学の領域は、自然言語に存在する意味の曖昧さ、文脈のなかでの言葉の指示作用の分析、三段論法以外の様々なタイプの演繹の展開についての多様な研究手法を含むものであった。なかでも最も有名な手引き書が（『論理学綱要』として知られる）ペトルス・ヒスパヌスの『論考』（一二五〇年頃執筆）であった。ビュリダンの優れた論理学の教科書である『弁証論綱要』は、ビュリダンが翻案したヒスパヌスの論考〔のテクスト〕の註解として書かれている。そしてビュリダンが翻案したテクストは、一五世紀には、それ自体が註解の対象になった。

形而上学

現在「形而上学」と呼ばれる領域のほぼすべてがアラビア哲学とラテン哲学の伝統のなかで論じられ、より散発的にではあるがビザンティン哲学とユダヤ哲学の伝統のなかでも論じられた。カラーム以外では、世界の基礎的な構成要素は、アリストテレス哲学における実体〔例えば「一頭の馬」や「一つの石」〕〔のような個物〕であり、人によっては「真珠は石の一種である」という場合の〔「石」のような〕普遍的なものも含む〕と『カテゴリー論』で区別されている九種の偶有性〔量、性質、関係、場所、時、態勢、所持、能動、受動〕であると考えられていた。しかし、この枠組は異なる見解や新たな疑問の余地を大幅に残していた。偶有性は、どのくらい独立性をもっているのか？どのカテゴリーについても偶有性は実在するのか〔時や関係といった偶有性そのものがはたして実在するのか〕？

モノは実体と偶有性の双方で構成されていると考えられていた。そして、アリストテレスの『形而上学』で展開されたバージョンでの実体論が知られていなかったところでも、モノは質料と実体形相で構成されていると考えられていた〔例えば、この石は、質料とこのモノを石たらしめている石性で構成されているといったように〕。しかし、神を除くすべてがこうした仕方で構成されている(キリスト教哲学者によって数多くの議論がなされた、イブン・ガビロルが採用した見解)のかどうか、また、アクィナスが激しく否定したように、実体が二つ以上の形相をもちうる——何かを人間たらしめる「知性」という形相とは別に人間の身体の形相がある——のかどうか、という点については論争があった。普遍に関する問い——実体と偶有性は個的なものにすぎないのか？——も活発に論じられた(そして、しばしば古代の諸見解を用いて考察されたとはいえ、この問いは、ビザンティン圏における重要なトピックだった)。

アリストテレス的概念は、批判されたり、否定されたりすることもあった。アリストテレスは量が無限に分割可能だと考えたが、一二世紀と一部の一四世紀のラテン著作家の間では原子論が広く受け入れられていた。[★2] 原子論はカラームの特徴でもあって、原子論を支持するカラームの議論はアラビアの思想家たちによって広範囲に批判された。一二人の(互いに影響関係がない)ユダヤ思想家が、アリストテレス的形而上学の自然学的基盤に対する徹底的な批判を行った。一二世紀のバグダーディーと一四世紀のクレスカスである。アベラールと一四世紀のラテン神学者は、アリストテレスがわずかに示唆するにとどまっていた、事実と事態に関する形而上学[★3]を探求した。必然とは常に真であるものであるとするアリストテレス的な必然性の概念に対しては、最もよく知られているところではスコトゥスが疑問を呈したり否定したりしたが、アラビア哲学の伝統でも同様のことがあった。アリストテレス的な原因の体系は受け継がれたが、アラビア哲学の伝統ではガザーリーが、ラテン哲学の伝統ではオートルクールのニコラウス(一二九八頃—一三六九)が作出因について鋭い懐疑論を唱えた。

時間および時間と永遠との関係は、ユダヤ教・キリスト教・アラビアの思想家によって広範囲に、とくに神学上の二つの問題との関連で論じられた。それらの問題とは、〔1〕神の予知と〔2〕宇宙に始まりがあるか否かである（というのも、彼らの宗教は神の予知と宇宙の創造を支持していたが、アリストテレスは否定していたからである）。キリスト教の思想家は、三位一体の教義と位格的結合（キリストの位格において神性と人性はどのように結びつくのか）を理解するために、関係や個別化、全体と部分についての綿密な理論を構築した。

指摘したように、こうしたトピックのほとんどは、論理学、自然学、または神学に属するものと見なされていた。中世の「形而上学」は、その名前がついたアリストテレスのテクストに直接関係する問題に限られていた。『形而上学』は「存在である限りの存在」を研究する〔アリストテレス『形而上学』第四巻一章〕。イスラーム圏の思想家とラテン語圏の大学の思想家は、このアリストテレスの定式が、形而上学の主題が神であることを意味するのか、それともすべての存在するものが共有するような「存在」であることを意味するのかを問うた。ラテン哲学の伝統では、超範疇――一、真、善といった、すべてのものがただ存在することによって所有すると考えられていた属性――の理論体系が構築された。そしてラテン著作家のなかには、アルベルトゥス・マグヌスのように、『原因論』が『形而上学』を補完すると考えた者もいた。さらに、各伝統では、自らの存在論を構築するのに、イデアや流出といったプラトン的概念を用いた思想家もいたのである。

認識論、心の哲学、言語哲学

古代の懐疑主義者やデカルトやヒュームのような近世の哲学者と同様に、中世の哲学者は知識を獲得する私たちの能力について疑いを投げかける議論を立てて、それに答えた。キケロの懐疑主義的なテクスト(『アカデミカ』)を論駁する目的で書かれたアウグスティヌスの『アカデメイア派駁論』は、一三世紀と一四世紀の思想家にとって重要な出発点であったが、ソールズベリーのヨハネス(一一二〇—八〇)は古代の諸学派についての読書を通して懐疑論に達した。ビザンティン圏では、ニコラオス・カバシラス(一三七一没)が、パラマスの議論とパラマスを批判した議論の双方のうちに懐疑主義的傾向をみて、懐疑主義の議論とそれに対する応答を古代の学説誌家であるセクストス・エンペイリコスに求めた。一三世紀に作成されたセクストスのラテン語訳は存在したが、西方では、より有名なジョヴァンニ(・ピーコ・デッラ・ミランドラ)の甥でジョヴァンニの『著作集』を編集したジャンフランチェスコ・ピーコ・デッラ・ミランドラ(一四六九—一五三三)が初めてギリシア語原典に基づいてセクストスを詳細に扱った。これらの懐疑主義に関する資料はアラビア語では入手できなかったが、ガザーリーは自伝(『誤りから救うもの』)のなかで、後にデカルトが『省察』の冒頭で展開した議論のように、次第に強度を増していくような一連の懐疑主義的な議論をしている。しかし(中世の哲学者にとっては)懐疑論に応答することよりも、論理学の一部とみなされていた『分析論後書』を指針として、科学的知識を構築する方法を考察する構成的認識論が重要であった。

アリストテレスの『命題論』は、ファーラービーとアベラールに見られるように(二人とも同書の註解を書いた）心の哲学と言語哲学を関連させて考えるように促した。ラテン哲学の伝統では、文法学をアリストテレス的な科学にしようとする一三世紀の試みが思弁文法学を生み出した。思弁文法学では、事物の存在の様態、事物が理解される様態、そして事物が品詞と品詞の屈折〔性・数・格・時制等にしたがった語尾変化〕で表現される様態との間の平行関係が記述された。他方でオッカムやビュリダンは、洗練された心的言語理論を考案するに至った。

しかし、四つの伝統すべてにおいて（西洋ラテン世界では一二〇〇年以降にではあるが）、知覚や記憶、理性のはたらきについて探求する基礎となったのは、別のアリストテレスの著作である『魂について』であった。科学的思考と科学的議論がいかに知覚や表象と関係しているのかという問題、また人間は科学的思考・議論にどの程度自力で携わることができるのかという問題に関わる様々な理論――それらの理論は、魂の不死についての議論や論証的な科学についての議論と絡んでいる――は、謎めいた部分もあるこのテクスト〔『魂について』〕の多種多様な解釈がもとになっている。認識のプロセスについて分析するなかで、アラビア哲学者と一三・一四世紀のラテン神学者は、一九世紀から二〇世紀にかけての論争に直接影響を与えることになる、志向性についてのアイデアを繰り広げた。とくにラテン哲学の伝統で詳しく探求された他のトピックとしては感情の本性がある。感情については、アリストテレスの見解とストア派の見解が比較・検討された。

倫理学と政治哲学

四つの伝統すべてにおいて、道徳哲学の中心にあったのはアリストテレスの『ニコマコス倫理学』だった。『ニコマコス倫理学』は、一方で、(ラテン世界では、神が信者に注入する対神徳の教説との創造的な緊張関係のなかで)徳の分析と人格の陶冶を奨励した。他方で、『ニコマコス倫理学』の最終巻での、人間の最善の生は知的観想の生であるという結論はどこの哲学者にも非常に魅力的だったので、哲学者たちは現世でこの理想を達成する方法を説明した。しかしこうした説明は、ユダヤ教やキリスト教、イスラーム教で約束された死後の救済を、人間の最善の生と無縁のものにしてしまう恐れがあった。

幸福に基づいたこうした倫理学の考え方と対立するような思想の潮流もあった。例えば、ムウタズィラ学派は人間だけでなく神にも道徳性が要求されることを強調した。神には、人間を報い、罰する義務があるというのである。また、アシュアリー学派、そして(ムウタズィラ学派やアシュアリー学派といったカラームの伝統から)独立にスコトゥス、オッカムといった一四世紀のキリスト教神学者は、道徳性は神の命令に基づくと考えた。ラテン哲学の伝統はキケロやセネカを通して、ストア派の道徳理論――ただ徳のみが価値をもつとする倫理学――についても知っていた。アリストテレスの『ニコマコス倫理学』がラテン語に翻訳される以前の時代を生きたアベラールは、穏健なストア派的倫理学を構想した。ストア派の道徳思想はその後も重要性をもち続け、アクィナス、そしてとりわけ一四世紀以降の思想家に影響を及ぼした。

道徳的心理学はとりわけキリスト教の伝統のなかで発展した。その理由の一つは、罪を犯したり、罪を避けたりする過程に強い関心が向けられたことにある。アウグスティヌスは、意志の本性、意図、罪の本性について、アンセルムスは、どのように、またなぜ、理性的な存在が誤った行為を選択することがあるのかという問題について、注意深く考察した。一三世紀には、意志の弱さについてのアリストテレスの記述〔『ニコマコス倫理学』第七巻〕が、すでに発達していたこの分野をさらに複雑なものにした。

アラビア哲学者、またアラビア哲学者ほどではないがユダヤ哲学者は、プラトンの『国家』や『法律』の説明に触発されて、理想都市について思考をめぐらした。プラトンやアラビアやユダヤの哲学者は、（実現可能とは到底思えないが）哲学者によって統治される「理想都市」を構想した。こうした「理想都市」についての思索はキリスト教の伝統にはなかった。ラテン思想家の間では、どの統治形態が最も平和や安定を促進するかという、（理想都市論に比べて）より堅実な研究の基礎としてアリストテレスの『政治学』が用いられた（第9章を参照）。

宗教哲学

宗教哲学には、〔1〕自然神学の領域と〔2〕宗教の実践に関する哲学的探求の領域がある。自然神学では、理性にしたがって、至高の存在者（神）の存在と属性が問われる。宗教の実践に関する哲学的探求では、何が宗教の実践に含まれるか（信仰、崇拝、犠牲など）とか、宗教の実践と哲学を含む他の知識形態はどのような関係にあるかといったことが問われる。四つの伝統すべてにおいて、この二つの宗教哲学の領域が研究された。

アラビア、ユダヤ、ラテン・キリスト教の思想においては、神の存在を証明するために多大な精力が費やされた。アンセルムスは、「それより大きいものが考えられないもの」という神の概念そのものが神の存在を証明すると論じた(『プロスロギオン』第二章)。「それより大きいものが考えられないもの」が概念の内にだけ存在して現実に存在しないと仮定しよう。しかし、「それより大きいものが考えられないもの」が概念においてだけではなく現実にも存在すると仮定するなら、現実に存在するそのものよりは小さいことになる。そうすると、「それより大きいものが考えられないもの」は、「それより大きいものが考えられないもの」ではないことになるだろう。[★4]しかしながらラテン思想家の大半は、アリストテレスとアヴィセンナに倣って「宇宙論的」証明を展開した。宇宙論的証明は、神に関する記述だけでなく、宇宙の幾つかの基本的特徴にも依拠している。宇宙論的証明のなかで最も有名なのはアクィナスの「五つの道」だが、最も注意深く精巧な一連の推論を提示したのはスコトゥスだった。

神の全知と人間の自由を調停するという課題や、神の摂理が人間の自由意志だけなく悪の存在や悪の程度といかに両立するかを示すというもっと難しい課題には、どこでも強い関心が寄せられた。神の全能は、神の善性や意志とどのように関係しているのかという疑問を生んだ。ガザーリーやアベラール(とアベラールを介したスコラ学の伝統)は、それぞれ単独に、神は常に最善のことを望み、望むことを引き起こすことができるのだから、はたして神は自分が為すこと以外のことを為すことができるのだろうかと問うた。

神を人間の言葉で語る方法は、否定神学や否定神学に反対する様々な思考の枠組を通じて(偽ディオニュシオス、〈証聖者〉マクシモス、そしてエリウゲナ、マイモニデス、アクィナス、ゲルソニデス、そしてエックハルトの場合〉、もしくは神の名前を考察することによって〈ガザーリーの場合[★5]〉、もしくは、神と、アリストテレスの十のカテゴリーとの関係を考察することによって〈アウグスティヌス、ボエティウス、エリウゲナ、ギルベルトゥス・ポレタヌスの場合〉、探求された。科学的知識と宗教的真理との関係は多様な角度から探求された。例えば、『〈聖法と叡智との関係を定める〉決定的議論』でのアヴェロエスの議論、アリストテレス形而上学についてのアクィナスの説明、マイモニデスの『迷える者の手引き』〈全体〉と一三世紀から一六世紀にかけて学芸学部教師が推進したアリストテレス哲学とキリスト教との関係についての説明を比較してみるといい。アヴェロエスは、能力あるイスラーム教徒はアリストテレス哲学を学ぶ義務があるとした。トマス・アクィナスは、なぜアリストテレス形而上学がキリスト教神学を不要にしないのかを説明した。学芸学部教師の態度は単純ではない。一方で、彼らはアリストテレス哲学の真理を弁護した〈例えば「世界は永遠である」は真である〉。他方で、こうした〈キリスト教の教えに反するような〉アリストテレス哲学の真理は、究極の真理の裁定者であるキリスト教の教えにしたがえば虚偽であることを認めた。彼らはアリストテレス哲学の真理の相対的価値を守ろうとして、こうした説明をしたのである。

ファーラービーや、才気あふれる学芸学部教師にして後に一匹狼の神学者になったロジャー・ベーコン〈一二一四―九四〉など、多種多様な著作家が哲学と宗教の起源を考察することで哲学と宗教の関係について考えた。一四世紀のパリとオックスフォードの神学者は、とりわけ信仰の本性と信仰における意志の役割を熱心に探求した。他方で、（例えばマイモニデスに顕著だが）異教に対する関心が、宗教の本性についての、上述のような探求へと向かう一因となったこともあったのである。

5　制度と文学形式

今日と同じように、中世という時代でも哲学者は肉体をもたない知性ではなかった（哲学者のなかには強くそう望んだ、あるいは望んでいる者はいるが）。中世の哲学者は、制度の内外にある具体的な環境のなかで仕事を行わなければならず、職業的な研究者、教師、あるいは何らかの他の手段で生計をたてなければならなかった。そして彼らの思想は、様々な形式をとった文字文献《テクスト》のなかに具体的な実在を与えられた限りで保存されてきた。残された文字文献のなかには、中世の哲学者の背後にどんな教育や議論があったのかを伝えるものもある。

制度の内外での哲学

制度という観点においては、ラテン・キリスト教哲学の歴史は他の三つの伝統と著しく異なっている。というのも、きわめて多くの非常に優れた作品が、教育に特化した制度のなかで生まれ、とりわけ一二〇〇年以降は、その制度〔大学〕によって形作られたからである。

他の哲学の伝統の形成に制度がまったく関与していなかったわけではない。コンスタンティノープルには散発的にビザンツ帝国が設立した一種の高等教育機関があった。アレクサンドリアの学校から来た、謎めいたステパノスは、七世紀初頭にそうした高等教育機関で教えたと考えられていた。[★1] 九世紀半ば、副帝バルダスはマグナウラ宮殿に学校を設立したが、その学校は長続きしなかったようだ。一一世紀に、「最高の哲学者」の称号を与えられたプセロスのために学校が設立された。しかしプセロスの弟子で後継者のイタロスに対する断罪の後、次第に総主教が高等教育の責任を担うようになり、高等教育機関では哲学の余地はほとんどなくなった。ビザンティンの重要な哲学者の多くは修道士だった。〔証聖者〕マクシモス、ダマスコスのヨアンネス、グレゴリオス・パラマスもそうである。あるいは、〔たった五日間のうちに剃髪《ていはつ》してコンスタンティノープルの総主教に昇進した〕ポティオスやプセロスのように、修道士になった宮廷政治家であった。

イスラームの地では、教育の中心が制度に置かれていたことは一度もなく、師弟関係が重要だった。学生が教師の下できちんとテクストを学んだら、「イジャーザ」[★2]つまり免状をもらって、そのテクストを教えることを許された。すでにファーラービーの例で示したように、師の系譜を辿って、扱っているテクストの著者にまで遡ることができることが重視されていた。どこで教育を受けたかはほとんど重要性をもたなかった。

〔カラームとファルサファのいずれでも〕哲学を研究するための特別な制度は存在しなかった。キンディーは高貴な生まれで、哲学をするのに十分な経済的余裕があり、他人が〔翻訳等の〕仕事をするのを援助することもできた。アヴィセンナは、彼より二世紀後に生きたトゥースィーのように、波乱に満ちた人生を送り、パトロンだった統治者の運命に翻弄された。アヴィセンナは内科医で、哲学者としてだけではなく医学に関する著作でも有名だった(そしてアヴィセンナの著作を読んだのは、初期には内科医が多かった)。トゥースィーは天文学者として有名で、高官として一生を終えた。ガザーリーは、〔スーフィー(イスラームの神秘家)の修行をするために、社会的地位や財産、家族といった〕俗世の富を放棄するまで、高名な法学の教師であった。アヴェロエスは医者であると同時に、名高い法律家であった。アヴェロエスの〔イスラーム〕法に関する文書は、アヴェロエスの哲学が忘れられたイスラームの地で研究され続けた。アヴェロエスは、昼間に大法官を務めながら、夜間にアリストテレスの註解書を書いていたのである。

しかし、イスラームに高等教育制度がなかったわけではない。〔イスラーム〕法を教えることを目的としたマドラサは、後援者が設立することが可能で、一二世紀後半からその数を増した。一二世紀後半は、ファルサファとカラームの区別が消えはじめ、それまで「外から入ってきた学問」と見なされていたものが、よりイスラームに固有な学問と共に「理性的学問」の項目の下に置かれ始めた時期でもある。「理性的学問」は、イスラーム教徒の幅広い教養の一部と考えられるようになった。特定の科目の教育がどこで行われたのかを正確に突き止めるのは難しい。しかし、イスラーム教徒の幅広いカリキュラムの学習は、間違いなくマドラサとマドラサの教師たちに関係している。

ユダヤ人の間にも、哲学を学ぶ公式の制度はなかった。ゲルソニデスの生計を支えていたのは一家の財産であったように思われる。そしてマイモニデスの場合も、商人だった弟が溺死して、彼自身がカイロの王宮で内科医として生計を立てなければならなくなるまで、そうであったように思われる。傑出したユダヤ哲学者の多くは、その時代のユダヤ教徒の生活における中心人物でもあった。マイモニデスは、エジプトのユダヤ教徒共同体のなかでトップの地位にあり、ユダヤ法に関する最高の権威であった。サアディアはタルムード学院の校長〔ガオン〕であったし、クレスカスはスペインのユダヤ教徒の指導者であった。イサク・アブラバネルは宮廷で影響力をもっていて、自らの富と威信を用いて、失敗に終わったが、ユダヤ人を追放するのをやめるようフェルナンド王〔カスティーリャ王、フェルナンド五世＝アラゴン王、フェルナンド二世〕を説得しようとした。[★3]

ラテン哲学にとっての大学とその他の状況

ラテン哲学の伝統における初期の哲学者であるアルクイヌスやエリウゲナはどちらも宮廷学校の教師としてカロリング朝の宮廷と深い結びつきがあった。彼らはまた、修道院と強い結びつきをもっていた。一〇世紀から一一世紀にかけて哲学が研究されたのは、まず大きな修道院の内部に設けられた学校であり、続いて司教座聖堂付属学校の中であった。各司教座聖堂付属学校はただ一人の主任教師を抱えていたようにみえる。司教座聖堂付属学校の主任教師は、アベラールの師であったシャンポーのギヨームのように、有名になれば、遠離地からも弟子を引き寄せることができた。しかし一二世紀前半、パリのノートルダム司教座聖堂当局は、お金を払って免許を得た、資格ある教師に学校の設立を許可することに決めた。その結果、パリはラテン世界の知的中心地になった。教師たちは、近隣のライバルの考えを攻撃しながら、弟子のために競ったり、自分の考えを発展させたりしたのである。

法律専門の大学（ボローニャ）や医学専門の大学（サレルノ）は、すでに南ヨーロッパに存在していた。しかし、哲学にとってとりわけ重要になる中世の大学は、一二〇〇年頃になってはじめて出現した。パリでは、既存の学校の制度化というかたちで、オックスフォードではほとんど何もないところから大学が生まれた。一四世紀半ばから、パリ大学とオックスフォード大学をモデルとした大学がヨーロッパの各地に設立され始めた。そのなかで初期のものにあたるのが、プラハ大学（一三四七―七八年）やクラクフ大学（一三六四年）、ウィーン大学（一三六五年）、ハイデルベルク大学（一三八六年）である。一五世紀に設立された大学にはセント・アンドルーズ大学やルーヴァン大学、チュービンゲン大学、アルカラ大学がある。

パリでの論理学の学校と神学の学校の区別は、学部編成のなかに制度化された。アルプス以北の大学はすべて、何らかの違いはあっても、パリ大学の学部編成に従った。突出して大きい学部であった学芸学部は、（十四歳前後で）学生を始める場所であった。学生の大半は七年かかる、学芸学部の全課程を修了することすらなかった。[★4] しかし学芸学部の教師（の資格をもつ者＝マギステル）[★5]になった後は、希望する学生はより高等な学部――医学部、法学部、（そして哲学にとって断然重要な）神学部――の一つに進学することができた。論理学は学芸学部で集中的に学ばれたが、一三世紀半ば以降は、学芸学部のカリキュラムはアリストテレスの論理学だけではなく（〔アリストテレス著作への〕手引きとして好まれたアヴィセンナやアヴェロエスの著作と共に）新たに翻訳されたアリストテレスの全領域にわたる作品を含むようになった。それに対して、一四年から一六年かかる神学課程には、たった二冊の教科書しかなかった。聖書とペトルス・ロンバルドゥスの『命題集』である。後者は、難解で論争を呼ぶようなキリスト教教義のあらゆる問題についてのチェックリストのような役割を果たした。

大学は究極的には教会の支配下にある制度であったし、〔学芸学部より〕高等な二つの学部（神学と教会法学）は明白にキリスト教教義に専念するものであった。ドミニコ会、フランシスコ会やその他の托鉢修道会は急速に神学部を支配するようになった。大学自体の発展とちょうど同じ頃に成長した托鉢修道会は、世間から隔絶されてはいないタイプの修道生活を提供した。実際のところ、托鉢修道会は、頭脳明晰な少年が、生い立ちにかかわらず高等教育を受けることを可能にし、きわめて優秀な者には、長期間にわたる神学課程の学費まで支払ったのである。教育課程の終わりに学生は教師〔の資格をもつ者＝マギステル〕になったが、教師の席の数は限られていた。そのため、ドミニコ会やフランシスコ会の教師は、二、三年後には、順番を待っている仲間の会員に教師の座を譲らなければならなかった。

托鉢修道会の教師たちは論理学とアリストテレス哲学において高度な訓練を受けていたが、その訓練が行われたのは学芸学部ではなく、所属する托鉢修道会の施設の中であった。学芸学部で教えた教師の多くは、教えるのに要求される課程を二年かけて修了した若い男性だった。[★6] しかし、ビュリダンのように、学芸学部で教えることに専念した教師もいた。学芸学部では、すべての科目は、宗教的信条とは無関係に用いることができる証拠と自然理性による推論に基づいていた。

そして、授業を組み立てる中心となっているテクストを書いた最大の権威〔アリストテレス〕は、キリスト教以前の古代世界に生きた異教徒であった。

こうした学芸学部のカリキュラムは、キリスト教を教える権威に対する挑戦を意味すると思われるかもしれない。しかし実際は、こうしたカリキュラムは教会当局によって認可されたばかりか、強制されすらしたのである。たしかに、自然科学著作と『形而上学』を含む、アリストテレスの全領域にわたる著作が一三世紀前半に読まれ始めた時には、パリの教会当局は、学芸学部教師がそれらの著作を教えることを止めようとした。しかし、その禁止命令は効力をもたなかった。まもなく、学芸学部の授業はアリストテレスの全著作を中心にして組み立てられるようになった。しかし、学芸学部教師がアリストテレス主義、とりわけイスラームの著作家〔アヴェロエスなど〕による註解で解釈されたアリストテレス主義に対して、どの程度忠実な態度をとるべきかという問いは残った。

一二七七年、パリ司教のエティエンヌ・タンピエは、二一九の禁止命題のリストを発行した。幾つかの禁止命題は明らかにブラバンのシゲルスやダキアのボエティウスのような学芸学部教師に向けられていた。アリストテレス主義をアリストテレス主義の条件の下に〔つまりアリストテレス解釈として〕展開しようとした彼らの試みは誇張されて弾劾された。しかし、彼らだけがタンピエの標的ではなかった。というのも、タンピエは神学上の様々な立場も禁じたからである。神の自由と人間に対する神の個別的な摂理〔ひとりひとりの人間、一つ一つの人間の行為に対する神の摂理〕を危うくすると判断された見解がとりわけ禁止の対象になった。そして、後の頓挫した弾劾

の過程が示すところでは、アクィナスのアリストテレス主義もタンピエの視野に入っていた。[★7]

註解の文化

哲学の研究方法と著述形式の点での、中世の四つの伝統すべてに共通した一つの特徴が、近世および現代の哲学の営みから中世哲学の営みを区別する。中世哲学の営みは註解を中心としていた。註解は、中世哲学が古代末期のプラトン派から継承した手法だが、概して、中世の一神教文化(聖書とコーランの註解の営みを考えよ)およびそれ以外の文化(例えば儒教は註解の伝統である)で広範囲に見られる。

言うまでもなく、アリストテレスの作品については、ビザンティン哲学とラテン哲学の伝統を通して、またファルサファの最初の二世紀間、数多くの註解が書かれた(図6を参照)。プラトンの作品はずっと稀にしか註解されなかった(一二〇〇年以前のラテン哲学の伝統における『ティマイオス』、〔アラビア哲学の伝統では〕『国家』の要約についてのアヴェロエスの註解)。プラトンの作品に比べると、プラトン主義の著作(ラテン哲学の伝統ではボエティウスの『哲学の慰め』、『原因論』、プロクロスの『神学綱要』)は頻繁に註解された。註解の対象となったのは古代のテクストだけではなかった。ヘブライ語で書いたユダヤ哲学者は、たいてい、アリストテレス自身の著作よりもむしろアヴェロエスによるアリストテレスのパラフレーズ(「中註解」[★8])や、マイモニデス、ガザーリー、イブン・トゥファイル、アヴェロエスなどのテクストを註解した(図7を参照)。アラビア哲学の伝統では、先行する百科全書的な作品に基づいて新しい百科全書的な作品が書かれ、註解そ

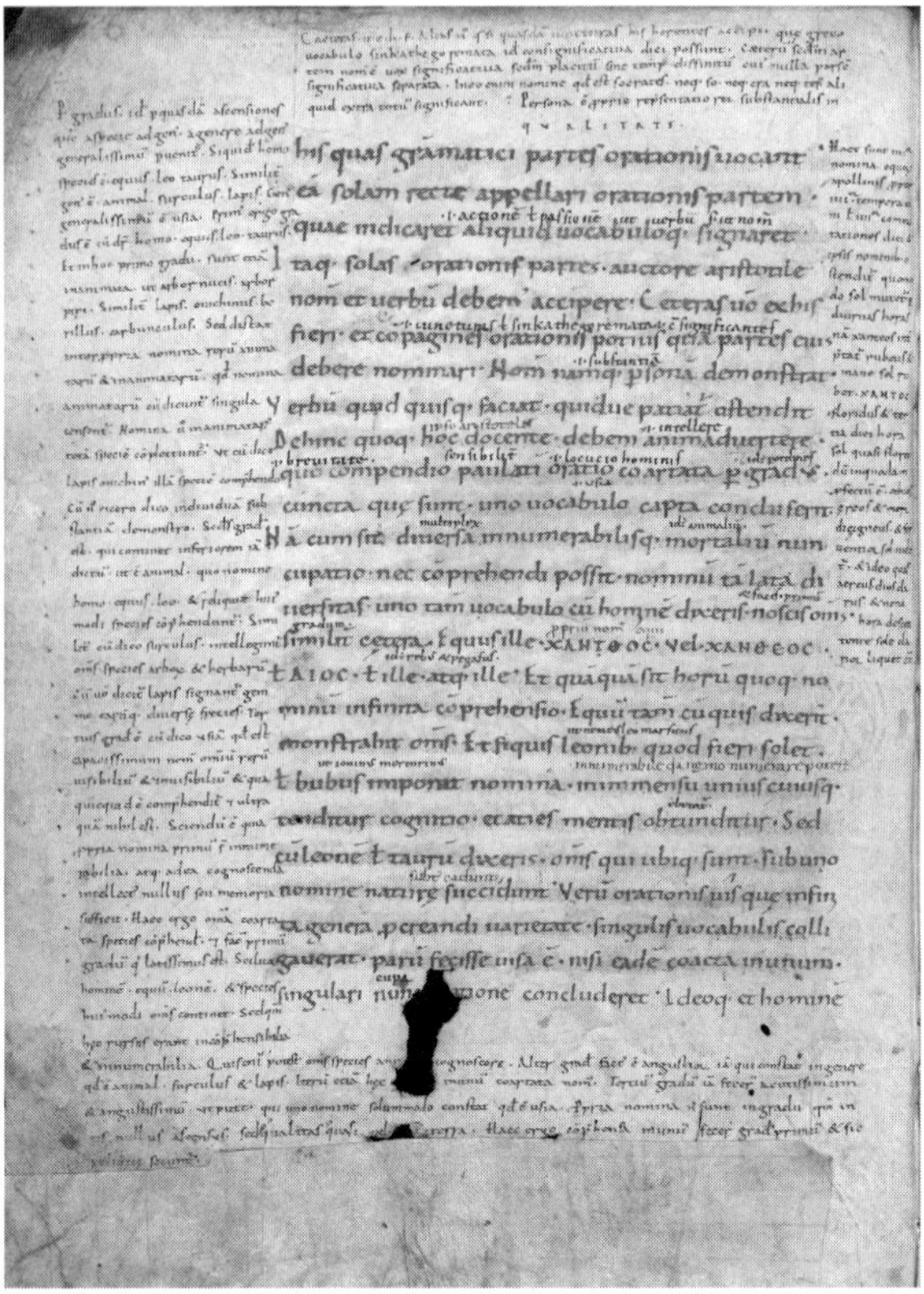

図6　アウグスティヌスに誤って帰せられたアリストテレスの『カテゴリー論』のパラフレーズ〔『10のカテゴリー（Categoriae decem）』と称される作品〕の9世紀の写本．欄外に〔本文テクストよりも小さな字で〕註解が書き込まれている．同書は，註解の対象になった最初期の論理学のテクストの一つであった．

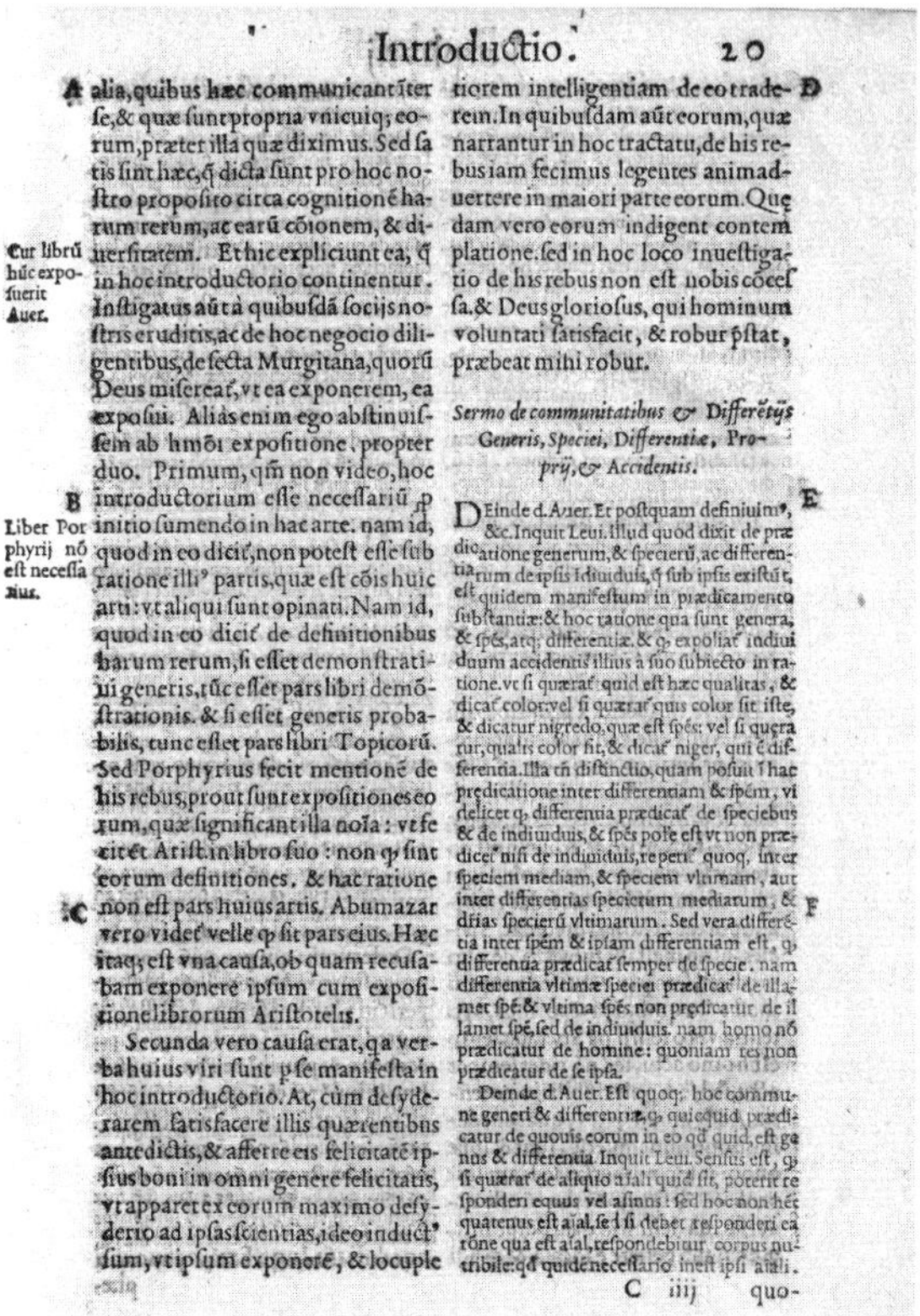

Introductio. 20

A alia, quibus hæc communicant ĩter se, & quæ sunt propria vnicuiq; eorum, præter illa quæ diximus. Sed satis sint hæc, q̃ dicta sunt pro hoc nostro proposito circa cognitioné harum rerum, ac earũ cõionem, & diuersitatem. Et hic expliciunt ea, q̃ in hoc introductorio continentur. Instigatus aũt à quibusdã socijs nostris eruditis, ac de hoc negocio diligentibus, de secta Murgitana, quorũ Deus misereat᷑, vt ea exponerem, ea exposui. Aliàs enim ego abstinuissem ab hmõi expositione, propter duo. Primum, qm̃ non video, hoc introductorium esse necessariũ ꝑ initio sumendo in hac arte. nam id, quod in eo dicit᷑, non potest esse sub ratione illi⁹ partis, quæ est cõis huic arti: vt aliqui sunt opinati. Nam id, quod in eo dicit᷑ de definitionibus harum rerum, si esset demonstratiui generis, tũc esset pars libri demõstrationis. & si esset generis probabilis, tunc esset pars libri Topicorũ. Sed Porphyrius fecit mentioné de his rebus, prout sunt expositiones eorum, quæ significant illa noĩa: vt fecit et Arist. in libro suo: non ꝙ sint eorum definitiones. & hac ratione

Cur librũ hũc exposuerit Auer.

B

Liber Porphyrij nõ est necessarius.

C non est pars huius artis. Abumazar vero videt᷑ velle ꝙ sit pars eius. Hæc itaq; est vna causa, ob quam recusabam exponere ipsum cum expositione librorum Aristotelis.

Secunda vero causa erat, q a verba huius viri sunt ꝑ se manifesta in hoc introductorio. At, cùm desyderarem satisfacere illis quærentibus antedictis, & afferre eis felicitaté ipsius boni in omni genere felicitatis, vt apparet ex eorum maximo desyderio ad ipsas scientias, ideo induct⁹ sum, vt ipsum exponeré, & locuple tiorem intelligentiam de eo traderem. In quibusdam aũt eorum, quæ narrantur in hoc tractatu, de his rebus iam fecimus legentes animaduertere in maiori parte eorum. Quędam vero eorum indigent contemplatione. sed in hoc loco inuestigatio de his rebus non est nobis cõcessa. & Deus gloriosus, qui hominum voluntati satisfacit, & robur ꝓstat, præbeat mihi robur. D

Sermo de communitatibus & Differẽtijs Generis, Speciei, Differentiæ, Proprij, & Accidentis.

E

DEinde d. Auer. Et postquam definiuim⁹, &c. Inquit Leui. Illud quod dixit de prædicatione generum, & specierũ, ac differentiarum de ipsis Idiuiduis, q̃ sub ipsis existũt, est quidem manifestum in prædicamento substantiæ: & hoc ratione qua sunt genera, & spẽs, atq; differentiæ. & ꝙ expoliat᷑ indiuiduum accidentis illius à suo subiecto in ratione. vt si quærat᷑ quid est hæc qualitas, & dicat᷑ color: vel si quærat᷑ quis color sit iste, & dicatur nigredo, quæ est spẽs: vel si quęratur, qualis color sit, & dicat᷑ niger, qui ẽ differentia. Illa tñ distinctio, quam posuit ĩ hac prędicatione inter differentiam & spẽm, videlicet ꝙ differentia prædicat᷑ de speciebus & de indiuiduis, & spẽs posse est vt non prædicet᷑ nisi de indiuiduis, reperi᷑ quoq; inter speciem mediam, & speciem vltimam, aut inter differentias specierum mediarum, & dñas specierũ vltimarum. Sed vera differẽtia inter spẽm & ipsam differentiam est, ꝙ differentia prædicat᷑ semper de specie. nam differentia vltimæ speciei prædicat᷑ de illamet spẽ: & vltima spẽs non prędicatur de illamet spẽ, sed de indiuiduis. nam homo nõ prædicatur de homine: quoniam res non prædicatur de se ipsa. F

Deinde d. Auer. Est quoq; hoc commune generi & differentiæ, ꝙ quicquid prædicatur de quouis eorum in eo qđ quid, est genus & differentia. Inquit Leui. Sensus est, ꝙ si quærat᷑ de aliquo aĩali quid sit, poterit responderi equus vel asinus: sed hoc non hẽt quatenus est aĩal, sed si debet responderi ea rõne qua est aĩal, respondebitur, corpus nutribile: qđ quidé necessario inest ipsi aĩali.

C iiij quo-

図7　アリストテレスのテクストと、アヴェロエスの註解およびアヴェロエスの註解についてのゲルソニデスの註解. 三者のテクストはすべてラテン語に訳されている. 16世紀半ばに出版されたもの.

のものに註解が書かれる傾向が常にあった。アリストテレス自身のテクストはアラビア語の註解の伝統からほとんど完全に姿を消した。しかし、アヴィセンナの作品はそれ自体、(元をたどればアヴィセンナの作品に由来する作品と共に、註解の対象であり続けたのである。

ラテン哲学の伝統では、(アウグスティヌスにかなり依拠しているが)一二世紀の作品であるペトルス・ロンバルドゥスの『命題集』が、一三世紀のヘールズのアレクサンデルから一六世紀のマルティン・ルターに至るまで、何百という神学者によって註解された。そして、一六世紀以降、アクィナスの『神学大全』は註解の対象の常連になった。[9] また、スコトゥス主義者は自分たちの創始者(つまりドゥンス・スコトゥス)の『命題集註解』を註解した。

註解の方法と目的は極めて多岐にわたった。あるものは主に権威ある難解なテクストの理解を助けることを主な目的としていた。そのために、一つ一つの文について、その意味や議論のなかで果たしている役割を説明したり(例えば、一二世紀と一三世紀のラテン哲学の伝統におけるアリストテレスの註解の逐語的説明がこれに該当する)、テクストの内容をパラフレーズしたりした(ファーラービーとアヴェロエスが用いた形式の一つである)。また、テクストで示されている哲学的難問を探求したり、テクストで示唆されてはいるものの実際に明示されてはいないような新たな問題や理論を提示したりしながら、テクストの解釈を一節ずつ論じるものもあった。古代末期の註解の多くは後者の形式をとっていた。ボエティウスが『命題論』の第二註解で、アベラールが論理学の註解で、ファーラービーとアヴェロエスが「大註解」でとったのも後者の形式である。アヴィセンナがアリストテレス的な理論を独自に再考して執筆した百科全書的な作品は、緩い意味であるが、「パラフレーズタイプの註解」と言えるものである。そして〔一三世紀のラテン世界で全面的・本格的なアリストテレスの受容を進めた〕アルベルトゥス・マグヌスも後者の形式をモデルとした。

幾つかのテクストについての註解〔例えば、プラトンの『ティマイオス』や、一二世紀におけるボエティウスの『哲学の慰め』など〕は、聖典に用いられたような寓意的解釈を要請することもあった。註解者はテクストに対して、しばしば〔アヴェロエスやラテン語圏の学芸学部教師がアリストテレスに対して向けたような〕敬意を払ったが、このことは実のところ独創的思考を排除するものではなかった。註解者はテクストと対立することもあった。ラーズィーの『指示と警告』についての註解や、熟慮のうえでガザーリーの『哲学者の意図』を註解することにしたアルバラグの場合がそうである。アルバラグは、ガザーリーの『哲学者の意図』が要約しているアヴィセンナの哲学、またそれ以上にガザーリーの〔アヴィセンナ批判にとどまらない〕より広範囲な反哲学的企図を好んでいなかったにもかかわらず、同書を註解することにしたのである。著者の目的や情報源を解明しようという、より歴史的なアプローチは稀であったが、アクィナスの『原因論註解』のなかで特筆すべき洞察力をもって遂行されたのであった。★10

問題《クアエスティオ》★11

一二五〇年以降のラテン語の註解書の多くは、逐語的説明の要素を含んでいても、「問題《クアエスティオ》」形式を用いることで新しい考えを生み出す自由を獲得した。〔興味深いことに、ほぼ同時代にアラビア哲学——例えばラーズィーの著作——でも問題形式と似たような形式が用いられ始めていた）。「問題」はアリストテレスと『命題集』の註解書の大半にみられる特徴である（アルベルトゥスとアクィナスのアリストテレスの註解は重要な例外である）。「問題」の諸要素はアリストテレスやボエティウスの著作のなかにも認められるが、この著述形式は、主に大学の講義での議論の応酬を記録するために考案されたようである。この種の議論の応酬は、とりわけ特別な日に開催された討論に明瞭に見てとられるが、権威あるテクストの教授法の特徴でもあった。

「問題」は主題として「はい」か「いいえ」で答えられる形式の問い——例えば「神は存在するか？」——をもつ。そして基本的に以下のような形態をとる。

(1)「神は存在しないように思われる」。続いてこの見解を支持する（1個からn個までの）論拠が与えられる（この見解は、常に、著者が実際に支持している見解とは反対のものか、あるいは少なくとも無条件には真たりえないとして退けられるものである）。

(2)「しかし、これに対して」。〔(1)で挙げられた〕見解とは反対の見解（この例では、「神は存在する」）を支持する短い文章が、たいていは権威からの引用によって示される。

(3)「問題」の主要部。この部分で著者は論じられている問題に踏み込んで、その問題に対する著者自身の考えを論じる（この例では、著者は、神が存在することを示す議論をすすめることになる）。

(4)〔(1)で示された〕著者の見解とは反対の見解を支持する（1個からn個までの）論拠の一つ一

つが、多くの場合(3)で確立された主張を基にして考察され、退けられる。

こうした形式は、学芸学部で行われたアリストテレスの註解がしばしばそうであったように、いくぶん単純で分かりやすい註解に使われることがあった(そうした註解では、(1)での議論はテクストを明らかに誤読したものであり、主要部(3)で、アリストテレスのテクストの要点が解説された)。しかしながら、反論をクリアしたり、実際に註解しているテクスト以外の権威を導入したりするために(1)の議論を利用することで、新しい考えを生み出す機会を大いに与えるものであった。じっさい『命題集』の註解の場合、ペトルス・ロンバルドゥスのテクストはたいてい彼方に置き去りにされ、神学者たちは、当時白熱した議論がなされていた哲学的問題を論じるために、『命題集』が提起する論点の一つを用いたのであった。また、主要部(3)は、著者自身の区分と下位区分を伴いながら[★12]、しばしば独立した哲学的小論というかたちに拡張されて展開された。

大全と論考

四つの伝統すべてにおいて、思想家たちには、哲学全体あるいは神学全体に対する自分の見解を一つの著作に集約しようとする傾向もあった。アラビア哲学では、神学の『大全』がカラームで長い伝統をもっていたのに対し、哲学の百科全書の伝統はアヴィセンナのアリストテレスへの註解の仕方から発展した。ラテン語に翻訳されたダマスコスのヨアンネスの『正統信仰論[★13]』は、一三世紀に普及した神学の『大全』のモデルの一つだった。すべての『神学大全』のなかで最もよく知られているアクィナスの『神学大全』は、大学レベルの議論を、より多様なレベルにあるドミニコ会の教育施設の学生に導入する試みだった。しかし結果的には、著者アクィナスがドミニコ会の教育施設以外の場所で展開した見解の単なる要約ではなく、倫理学など幾つかの分野については、最も充実した議論になった。ユダヤの著作家の間では、『気高き信仰』におけるイブン・ダウドや『迷える者の手引き』におけるマイモニデスから、ゲルソニデスの『主の闘い』やクレスカスの記念碑的作品である『主の光』まで、著者が非常に重要と考える問題をすべて網羅することをめざした、長大な哲学・神学論考を書く伝統があった。

もちろん、もっと短い形式の哲学著作も書かれた。時には論争の一部として、時には実在するあるいは架空の文通相手への書簡として、個々の問題についての論考が書かれた。キンディーの著作の多くは書簡の形式をとっている。イブン・バーッジャは知性との結合に関する書簡(『知性と人間の結合』)を書き、エリウゲナは同時代のゴデスカルクスの見解を非難するために予定説に関して、マイモニデスは死者の復活についての自分の見解を弁護するために書簡を書いた。ラテン語圏の大学では討論があった。討論は「問題」の形式で書き上げられ、特定の話題(例えば魂、能力、悪)に関するものと、哲学ないしは神学への関心からくるあらゆる問題を学生が自由に提起することができる、いわゆる「デ・クゥオーリベット」(「あらゆることについての」の意)討論」(日本語文献では「自由討論集」あるいは「任意討論集」と訳出されている)があった。

対話篇とその他の文学形式

中世の哲学者は複雑な表現の仕方をすることもあったが、教育を直接の目的として執筆したわけではない場合でも、たいてい、レトリックや故意に解釈の問題を生じさせるような文学形式の使用を排した、シンプルな記述で自らの思想を表現しようとしている。言い換えると、〔文体において〕彼らはプラトンやキルケゴール、ハイデガーといった人物よりもアリストテレスやカント、そして今日における分析哲学者に近い。とはいえ、例外も存在する。

韻文での記述は、暗記をより容易にするための手段として、アラビア語文献とラテン語文献の両方で用いられた。文学形式がもっと冒険的に用いられる場合もあった。トゥファイルは哲学的小説という形式で自分の考えを表明した。小説〔『ヤクザーンの子ハイイの物語』〕の登場人物の名前〔ハイイ、サラマーン、アブサール〕を、寓話形式によって哲学的な考えを説明しようとしたアヴィセンナの冒険的試み〔『ヤクザーンの子ハイイの物語』と『サラマーンとアブサール』〕から採った。マイモニデスは自らが記した『迷える者の手引き』の読者に対して、幾つかの考えを意図的に不明瞭にしたと警告している。よく読まれたボエティウスの『哲学の慰め』は、散文と韻文によって構成された精巧な文学作品である。一二世紀のラテン・ヨーロッパでは、哲学詩や、散文と韻文で書かれた哲学的作品（例えば『ティマイオス』にゆるやかに依拠したベルナルドゥス・シルヴェストリスの『コスモグラフィア』）がよくあったし、ダンテの『神曲』は単なる詩の傑作にとどまらない、独創的で力強い哲学の作品であった。

対話形式は、ビザンティン圏における哲学でよく見られた手法であった。ビザンティン哲学での対話形式は、プラトンを模倣したり、ルキアノスをモデルとした風刺的方向性をとったりすることがあった。また対話形式は、初期ラテン哲学の伝統において、いっそうよく用いられた。対話はしばしば教育的な場面を舞台としていた。例えばアルクイヌスは、自らを教師として、自分の生徒として登場するシャルルマーニュ〔カール大帝〕と共に対話に登場させているし、エリウゲナの『ペリピュセオン』は、教師と弟子の間での議論のやりとりを描き出している。そしてアンセルムスは、哲学的な方法で行われる注意深い教育のモデルとなるような対話篇〔『真理について』『自由決定について』等〕を書いた（他方で『プロスロギオン』は、彼自身と神との対話からなる）。

一五世紀には、人文主義の影響のもとに、対話篇という形式は再びよく見られるようになった。例えばニコラウス・クザーヌスの作品〔『創造についての対話』や『知恵に関する無学者の対話』等〕や、ロレンツォ・ヴァッラのキケロ風対話篇である『快楽について』がそうである。対話篇のなかには、宗教間の相違を探求したものもあった。例えば『クザリ』のなかで、イェフダ・ハレヴィ（一〇七五頃―一一四一）は、哲学者、キリスト教徒、イスラーム教徒に、自らの信条について手短に述べさせている。もっとも『クザリ』の大部分は、彼らよりも説得力がある見解を提示しているユダヤ教徒の賢人の発言で占められている。ラテン世界におけるハレヴィの同時代人にあたるピエール・アベラールは『〔哲学者、ユダヤ教徒、キリスト教徒の〕対話』において、ハレヴィがユダヤ教を擁護したほど、自分自身の宗教〔キリスト教〕を擁護することに熱心ではなかった。『対話』では、ある哲学者が、ユダヤ教徒（この人物は、〔理性に基づく判断を重視する〕きわめてアベラール的な信仰観を表明している）とキリスト教徒と対話する様が描かれている。そして哲学者は、最高善についてキリスト教徒とかなりの一致点を見いだしている。ライムンドゥス・ルルスによる『異教徒と三賢人との対話』は、いっそう〔異なる宗教に対して〕開かれた作品である。タイトルにある登場人物の異教徒は、ユダヤ教・キリスト教・イスラーム教についての説明をそれぞれの賢人から聴くと、どの説明に納得したかを口にしようとするのだが、異教徒の裁断によって続けている会話が終わってしまうことを恐れて、三賢人はそれを止めるのであった。

6 普遍——アヴィセンナとアベラール

普遍に関する核心的な問いは、古代・中世の思想家を悩ませたし、今日においても哲学者たちを悩ませている。さらに、普遍に関する今日の主要な立場〔実在論、唯名論〕に関して、現代の哲学者は中世の用語法を借用してもいる。世界のなかの幾つかのモノは同じだが、それは〔ジョン・マレンボンと本書の著者が数的に同一であるというように〕数的に同一であることによるのでなく、或る点において同じであることによるのである。例えば、このカップの受け皿、あのコイン、あの鏡は丸いという点でみな同じである。また、あの野原にいるすべての動物は馬であるという点で同じである。〔普遍に関する核心的な問いとは次のようなものである。〕丸いとか馬とかいう点で同じである多数の個物が存在する、と考えるだけで十分だろうか？　それとも個物に加えて、複数の個物がその点で同一な「普遍」が存在するのだろうか？　このようなもの、つまり普遍的なモノが存在すると考える人は「実在論者」と呼ばれる。他方、普遍は実在する必要はないと考える人は「唯名論者《ノミナリスト》」〔ラテン語で名前を意味する「ノーメン」に由来する〕と呼ばれる。唯名論者は

（「丸い」や「馬」といった言葉のような）言語における普遍が実在することは認めるが、普遍的なモノが実在することは否定する。

中世と現代における「普遍の問題」の提起の仕方には少なくとも一つの顕著な違いがある。その違いは、すべてではないが部分的には用語法にある。『カテゴリー論』でアリストテレスはモノを実体と九種の偶有性に区別した（第4章を参照）。第一実体は人工物ではなくて自然種に属する個物である。つまり、第一実体の例は（テーブルや家ではなくて）男や女、花や石である。偶有性は、実体に付帯する性質《プロパティー》で、存在したりしなかったりすることがある。したがって、例えば、「アーサーの息子である、太って赤ら顔のジョンは、ジャケットを着て今朝キッチンに座り、食事をし、音楽を聴いている」は第一実体であるジョンと各カテゴリーに属するジョンの偶有性を描写している。ジョンは「差異《ディフェレンティアエ》」★1という名称で知られる性質も有している。「差異」なしにはジョンは存在できないので、「差異」は偶有性ではない。「差異」は、人間すべてを定義づける特徴である理性の所有を含んでおり、人間と人間以外の動物すべてを定義づける特徴である感覚知覚を含んでいる。中世において、普遍の問題は通常、実体に関して提起された。

中世の思想家は、第一実体に加えて普遍的な第二実体があるのかを問うた。第二実体とは（人間のような）種や異なる種を集めた（動物や生物のような）類である。今日の哲学者は中世の哲学者とは異なる用語を用いているだけでなく、たいていは、実体よりも丸さや赤さといった普遍的な性質について議論している。こうした違いの理由の一つは中世の科学と現代の科学とのギャップにある。中世の思想家の大半は、アリストテレスにしたがって、自然種は固定的で常に一定の仕方で存在すると考えたのに対し、私たちは、自然種は絶えず進化し、種と種との間の境界線は曖昧であると考えている。しかし、議論の対象の違いは最初にそうみえるほど大きくない。中世の著作家も普遍的な性質（彼らの用語では「偶有性」や「差異」）について議論しているし、現代の哲学者の多くが、水のように一定の仕方で存在する固定的な自然種があることを認めている。そして実際に、こうした自然種は、普遍に関する幾つかの現代の議論のなかで重要な役割を果たしているのである。

古代における普遍の問題

悪評を伴いつつ知られているように、プラトンは、他のものから独立して実在するイデアないしは形相があって、こうしたイデアないしは形相だけが真に存在するものであり、知識の対象になると主張していた。プラトンは、こうしたイデアは他の個物すべてのモデルになるような個物だと考えていたが、こうしたイデアは普遍の資格を満たしていた。アリストテレスはプラトンのイデアを拒絶した。しかし大方の解釈によれば、アリストテレスは、普遍が心のなか以外の場所に、普遍を例化している個物から独立して、つまり個物の外に存在することを否定した実在論者だった。古代におけるアリストテレスの最大の追随者であり、紀元三世紀初頭に死去したアプロディシアスのアレクサンドロスは、アリストテレスの見解が直面する重大な問題に取り組むことによって、アリストテレスの見解を発展させた。アレクサンドロスは、アリストテレスのいう普遍は何らかの仕方で普遍に対応する個物の中にあるはずだと論じた。しかし、普遍は、私たちが一つのケーキを分け合うような仕方で、つまりあたかもこの馬は普遍的な馬の一部をもち、あの馬は別の部分をもつような仕方で、分割されて各個物の内にその部分が存在しているわけではない。それぞれの馬はどれも〔馬の要件を〕すべて備えている一頭の馬である。つまり普遍は、多数存在する、普遍に対応する個物一つ一つの内に全体があるのだ。しかし、数的に異なる多くの個物の内に全体が存在できるようなモノはない、とアレクサンドロスは指摘した。もし普遍的な「馬」全体がブラックビューティーの内に存在するなら、馬はブラックビューティー以外のどんなモノの内にも存在しえず、唯一の馬がブラックビューティーということになるだろう〔しかしそんなことはない〕。それゆえ、普遍はモノではありえず、心のなかの概念にすぎないはずである。しかし、もし普遍が心のなかの概念にすぎないなら、普遍に対応するモノが現実にはないことを認めたことになるので、普遍は誤謬を引き起こすような空虚な概念ということにならざるをえない。

アレクサンドロスは、こうした反論に対して抽象の概念を用いることで応答した。例えば、四角形や三角形は質料の内にしか存在できないが、幾何学では四角形や三角形といった図形を質料から切り離して考える。しかし、四角形や三角形の概念が、空虚であるとみなされたり、誤謬を引き起こすと考えられたりすることはない。アレクサンドロスは普遍に対して同様の説明を適用した。しかし、彼が示唆した問題解決の途は単純明快なものではない。もし、その解決策が実在論者の立場にとどまるなら、心のなかで抽象された普遍的な概念がどのような仕方で実在に基盤をもっているのかを説明しなければならない。同時に、その基盤を、数的に異なる多くの個物の中に全体として存在するようなモノとするのを避けなければならないのだ。

普遍に関するアヴィセンナの考察

この問題に取り組むにあたって最も洗練され最も影響力があった方法の一つはアヴィセンナによって提案された。そしてアヴィセンナは、おそらくアプロディシアスのアレクサンドロスの幾つかの考えをもとにしている。抽象のはたらきについて考えてみよう。もし馬について考えようとするならば、白や栗色といったような、この馬やあの馬がもつ偶有的な特徴をすべて取り除き、ただそれらを馬にしているものを考えることになる。そうしたものを、アヴィセンナは「馬である限りの馬」あるいは「馬性である限りの馬性」と呼んだ。ちなみに、この二つの表現は見たところ交換可能なものとして使われている。

抽象に関する普通の考え方では二つの要素が区別される。一つはブラックビューティーやブケパロス〔アレクサンドロス大王の愛馬の名前〕のような実在する馬で、それらは個物である。もう一つは心のなかにある馬や馬性についての抽象された概念で、それはあらゆる個的な馬と関係しているので普遍的なものである。しかし、アヴィセンナの理解によれば、抽象はその結果である心のなかの概念という観点からだけでなく、心のなかの概念の基盤として実在の内の何を抽出しているのかという観点からも考察することができる。私が抽象するとき、私は単にそれが馬である限りでブラックビューティーを考察しているのである。つまり、私は、アヴィセンナが時に「本性」——この場合で言うと「馬(性)」——と呼んでいるものを抽出して、それに私の心のなかの概念の基盤を置いているのである。したがって、抽象には実のところ三つの要素がある。〔第一に〕馬（性）である限りでの馬（性）のような本性、〔第二に〕ブラックビューティーのような個物、〔第三に〕心のなかにある馬（性）の概念である。アヴィセンナの主張によれば、馬の本性である馬（性）はそれ自体では馬（性）以外の何ものでもない。それに対して、個物は馬（性）だけでなく、ブラックビューティーを特徴づけるようなあらゆる偶有性からも構成されている。心のなかの馬性の概念は、その概念の基盤となる、それ自体は普遍的でも個的でもないような本性に普遍性を付加するのである。

アヴィセンナの立場は、一見すると、本性と実在する個物、そして普遍的な概念が存在する、と要約することができるように思われるかもしれない。本性そのものは個的でも普遍的でもないが、偶有性が本性に付加されることで実在する個物になり、心のなかで考えられるときには普遍性が本性に付加されることで普遍的な概念となる。

たしかにアヴィセンナをラテン語訳で読んだ中世の読者のなかには、アヴィセンナの見解をこのように解釈する者もいたが、アヴィセンナは本性を一種の特別なモノとして扱うことを拒否しただろう。アヴィセンナは、彼の「本性」の概念について批判者がただちに投げかけるであろう問いに気づいていた。その問いとは、ブラックビューティーにおける馬（性）はブケパロスにおける馬（性）と異なるのか、というものである。もし彼が「異なる」と言うなら、そのどちらもが馬であるとどうして主張できるだろうか？　もし彼が「異ならない」と言うなら、数的には一つの馬（性）がブラックビューティーとブケパロス双方の内に存在することになり、数的に同じものの全体が、数的に異なる個物の内に存在するということになる。

アヴィセンナは〔このジレンマを抜け出す〕唯一の方法をとる。彼はブラックビューティーにおける馬（性）はブケパロスにおける馬（性）とは異なるものであることと、二つの馬（性）は数的に一つのものであることのどちらも否定するのである。アヴィセンナは、異なるということは数的に一つのものではないということに尽きると認めていたので、排中律の原則（任意のxと任意のFについて、xはFであるかFでないかのどちらかであるということ）を否定しているようにみえる。[★2] しかしアヴィセンナは、「馬（性）である限りの馬（性）は一つであるか、一つでないか？」という問いに答えることを拒否するべきだと主張することで、排中律の否定を避けている。上記の問いは誤って形成された問いである。というのも、その問いは馬（性）である限りの馬性を、あたかも述語づけの基体《サブジェクト》になる〔そして文中で主語の位置を占める〕ような、「本性」という或る種のモノ（つまり、私たちが「このページは白い」と言うように、「それは一つだ」とか「それは一つではない」と言えるようなもの）として捉えているからである。

ブラックビューティーにおける馬性は、ブケパロスにおける馬性と異なるわけではないし、数の上で同じものでもない。アヴィセンナによれば、私たちが馬性である限りの馬性について考えるとき、私たちはブラックビューティーやブケパロスを、個々の馬が存在する以上もつことになる多くの特徴を無視した、特別な仕方で理解しているだけなのだ。一か多かという問題は個々の馬に関して生じうる。〔しかし、そうした問題が生じえない〕馬性である限りの馬性は、個々の馬を超越した、個々の馬と別のモノではない。それにもかかわらず馬性である限りの馬性は、実在のなかに、私たちが心のなかで形成することができる馬の普遍的な概念の基盤を与えるのである。

初期中世の実在論

普遍の実在に反対するアプロディシアスのアレクサンドロスの議論は、ボエティウスによってラテン哲学の伝統にある哲学者の知るところとなった。ボエティウスはまた、「抽象」に訴えるアレクサンドロス流の解答を提示したが、その解答はかなり不明瞭なものであって、一二世紀前半の〔パリにできた幾つかの〕学校の哲学者たちが普遍の問題に対して、様々な、相対立するボエティウス的解答を提示する余地を残していた。抽象された普遍的な概念が心のなかに存在することについては問題はなかったが、一二世紀の思想家は、それらの概念がいかなる仕方で個物の内に実在する普遍に基づいているのかを説明するのに苦労した。ボエティウスは、同じ類似性〔例えば馬の類似性〕が、感覚を介するなら個物のなかに知覚できるものであり、知性だけを介するなら普遍的なものとして捉えられると言うことで何を主張しようとしていたのだろうか。

〔ボエティウスの解答の〕一つの解釈である「質料的本質実在論《マテリアルエッセンスリアリズム》」★3は一一〇〇年代初頭によく見られたもので、思想家たちがボエティウスの解答を綿密に研究し始めるよりも前に一般的だったアプローチを反映している。「質料的本質実在論」によると、普遍は個物の根底に個物にとって質料的なものとして存在する。ブラックビューティーは普遍的な馬であって、その普遍的な馬が、黒色、大きさ、体重、場所と時間のうちにある態勢などの偶有性によって個別化されている、つまりこの個的な馬にされている。ブケパロスはブラックビューティーとまったく同じ普遍的な馬だが、個別化する偶有性は異なる。

したがって、「質料的本質実在論」は普遍に関する強い実在論の見解である。「質料的本質実在論」によれば、アリストテレスが唱える第一実体は、個別化する偶有性を伴った一つの第二実体にすぎない。ボエティウスの解釈者のなかには、〔個物の〕根底に質料的に存在する普遍的な実体がある、と主張することを避けた者もいた。彼らは、ブラックビューティーとブケパロスは馬であるという点で互いに「違いがない」だけであって〔「無差別説」〕、普遍的な馬はすべての馬から成る集合に基盤をもつ〔「集合説」〕と提唱した。普遍的な馬は、馬である限りでの個々の馬にも基盤をもつと考えた者もいた。したがって、これらの説の提唱者のなかには、モノはすべて個物であると主張する者もいただろう。しかし、普遍は個物の集合として、あるいは個物そのものとしても存在すると考えていたのであるから、彼らは依然として実在論者だったのである。

普遍に関するアベラールの考察

アベラールはこうした実在論の見解すべてに対して精力的に反論を行った。アベラールは、「質料的本質実在論」が考えているように、偶有性が実体を個別化すると考えることはつじつまが合わないと指摘した。偶有性は、その偶有性をもつ実体に依存している。ブラックビューティーがいなければ、ブラックビューティーがもつ黒さは存在しないだろう。しかし、もしブラックビューティーが偶有性によって個別化されるとしたら、ブラックビューティーの黒さとその他の偶有性はブラックビューティーが存在するために存在する必要がある。さらに、「質料的本質実在論」によれば、ジョン・マレンボンとブラックビューティーのなかに存在するのはまったく同じ普遍的動物であるから、普遍的動物は同時に理性的かつ非理性的であることになるが、それは不可能だとアベラールは主張している。集合説に対しては、集合はすべての集合の要素の内に全体があるわけではないし、集合は集合の要素の後に来るものであって、集合の要素によって構成されるものなので、集合は普遍には似ていないとアベラールは反論した。

しかし普遍の問題の歴史に対するアベラールの最も顕著な貢献は、実在論に反対するこれらの議論にではなく、むしろこれらの議論から彼が引きだした結論にある。先行者の誰とも違って、アベラールはより微妙な実在論の立場を考案しようとはせずに、また共通本性という概念をあからさまに引き合いに出すこともなく、普遍は言葉にすぎないと主張した。彼はこうした唯名論の立場を擁護した初の人物であった(そして、実のところ、「唯名論者《ノミナリスト》」という言葉は、最初はアベラールとアベラールの支持者たちを記述するために造り出されたのであった)。

たしかに、アベラールの師の一人であるコンピエーニュのロスケリヌスは幾つかの点でアベラールの見解を先取りしていた。一〇九〇年代初頭、アンセルムスは、普遍は言葉が発せられるときに放たれる息にすぎないと考えたロスケリヌスを攻撃した。ロスケリヌスとロスケリヌスと同時代の幾人かは、論理学はもっぱら言語に関係するものであって、論理学者が用いる様々なテクニカルターム(「普遍」「差異」「偶有性」など)は他の言葉を表示するのであってモノを表示するのではないと考えていたようである。しかし彼らのうち誰ひとりとして、アベラールのように、普遍に関する唯名論の核心的要素を提示しようとした者はいなかった。その核心的な要素とは、普遍的なモノが存在しないならば、普遍語を用いて(「ブラックビューティーは馬である」とか「馬は動物である」と言うときのように)世界について語ることがどうしてできるのか、という問題についての説明である。

アベラールは、言語は主に二つの仕方で世界と関係していると考えた。(一つには)言葉は「名指す」、つまりこの世界にあるモノを指示する。また(もう一つには)言葉は(言葉の発声を)聞いた人の心のなかにモノの概念を生み出すことによってモノを「表示する」。アベラールは、もし普遍が実在しないという見解を採ろうとするならば、この二つの意味論的関係に問題が生じることを認識していた。しかし、そうした問題は克服できると考えていた。(まず「名指す」という意味論的関係上の問題について説明しよう。)普遍的なモノはないので、普遍語は普遍的なモノを名指すことはできないが、普遍語があてはまるような個物すべてを名指すことはできる。例えば(普遍語である)「人間」はジョン、ジョーン、ジャンと他の人間すべてを名指す。しかしアベラールは、「人間」のような普遍語がジョンを名指す仕方は、「ジョン」がジョンを名指す仕方と同じではないことを認識していた。「ジョン」はジョンを他の人間と区別されるような個物として名指す。「人間」は、ジョンが他の人間と共にジョンの人間としての本性に至る様態(つまりジョンが他の人間と同様に人間の集合に属する根拠)にしたがってジョンを名指す。

アベラールによると、このように他の人間と集合することが、普遍語「人間」の「命名の共通原因」なのである。無論、人間であること(アベラールの別の表現では「人間の状態《スタトゥス》」)がなんらかのモノであるということをアベラールは激しく否定した。彼が言うには、複数の個人は「人間であるということにおいて集合する」。そして彼はこう付け加える。——私は「人間において〔集合する〕」とは言わない。というのも、人間は他のモノと区別される個別的なモノに他ならないからである。そうではなくて、「人間であることにおいて〔集合する〕」と私は言う。注意深く考えるならば、人間であることは人間ではないし、何らかのモノでもないのだ。

アベラールの普遍論を解釈するにあたって最も困難な問題は、彼がここでどんな立場をとっているかを精確に知ることである。或る解釈によれば、アベラールは、二一世紀の厳格な唯名論者に似ている。その厳格な唯名論にしたがえば、モノは或る点で相互に類似していることによって様々なグループに分類されるのだが、そうした類似性にそれ以上の説明は必要ない。別の解釈によれば、「状態」は、実体や偶有性、つまりアリストテレスに基づいたアベラールの存在論が認めるただ二種類のモノではないので、モノではないとアベラールは言うことができるのだが、実際にはモノの役割を果たしている。別の言い方をすると、アヴィセンナが「本性」と呼んでいるものに近い。したがって、実在論を退ける発言をしているにもかかわらず、「状態」を持ち込むことで、アベラールの普遍論は実在論の方向に向かっているのである。

もう一つの意味論的関係である、思考の「表示」について、アベラールが抱える問題は次のようなものである。もし普遍的なモノが存在しないなら、普遍語が〔その語を聞いた、読んだ人の心の内に〕思考を生み出すとき、その思考には対象が存在しないということになりはしないか。こうした批判は、最初の〔普遍語の「名指し」を説明できないのではないかという〕批判に対するアベラールの回答に依拠している。批判者曰く、もし「人間」が〔複数の人間に〕共通の原因によって命名作用をもつならば、この原因の共通性は、任意の一人の人間についての思考を生み出すのを妨げるであろう。こうした批判に対してアベラールは、あらゆる概念やイメージ——そのなかには、ただ一つの個物だけにあてはまるのではなく、同じ種類の多数の個物に共通するような概念も含まれる——がどのようにして心のなかに形成されるのかを説明することで応答する。例えば、私は、ジョンでもジョーンでもジャンでもないような何らかのモノのイメージ、単なる一人の人間のイメージをつくり出すことができる。私が「人間」という言葉を耳にしたときに〔心のなかに生み出す〕思考の対象になるのは、こうした「共通概念」なのである。

ドゥンス・スコトゥス——アヴィセンナの解答の変容

アベラールは一二世紀後半には多くの支持者を得ていた。しかし〔大規模な翻訳運動によって〕アリストテレス関連の新しい文献、アラビア語から翻訳された新しい文献が到来するとともに、アベラールの唯名論は忘れ去られた。普遍に関するアヴィセンナの議論は非常な影響力をもったが、様々な仕方で解釈された。ドゥンス・スコトゥスは、モノの本性はただそれ自体で考察されうるというアヴィセンナの考えを引き継いだが、自分なりにそれを咀嚼した。アヴィセンナの普遍論の核心的な問題は、馬〔性〕である限りの馬〔性〕が数的に一つでもなく〔数的に一つだとすれば、一つのモノの全体が多数のモノの内に存在することになる〕、数的に異なるのでもないというのはどういうことかを説明することである〔ブラックビューティーのもつ馬性である限りの馬性と、ブケパロスのもつ馬性である限りの馬性が異なるといったように〕数的に異なるとすれば、どうしてブラックビューティーとブケパロスのどちらもが馬であるのかが説明できない）。アヴィセンナ自身、馬（性）である限りの馬（性）は数的に一つでもなければ、数的に異なるのでもないと論じていた。——なぜなら、馬（性）である限りの馬（性）は馬性以外の何ものでもないのであって、一つであることや一つではないことが帰される類のものではないからである。スコトゥスはむしろ、馬性は一つであるが、数的に一つではないがゆえに、数的に一つでも異なるものでもないとした。したがってスコトゥスは、アヴィセンナとは違って、一つの共通本性を一つのモノとして扱おうとしたが、そうしたモノは、スコトゥスに言わせれば、数的一性をもつのではなくて、「数的一性よりも小さい（弱い）一性」をもつ類のモノなのである。

　したがって、スコトゥスは二種類の一性を想定している。一つは「数的一性」、言い換えれば「単数性」、それによってブラックビューティーとプケパロスを別のモノとして区別するもの。もう一つは「数的一性より小さい一性」、ブラックビューティーとプケパロスに共通する本性である馬性が、数的に異なる多数の馬の内に存在するのにもかかわらず、まったく同じ馬性であるがゆえにもつ一性。まさしく馬性が数的一性よりも小さい一性によって一つであるという理由で、馬性は（ある仕方で）一つでありながら、数的に異なる多くのモノの内にその全体が存在できるのである。

　しかし、このように数的一よりも小さい一という仕方で何かが一つでありうるということをどうして認めなければならないのだろうか？　数的一性よりも小さい一性をもつ共通本性が実在しない限り、自然のなかに見てとられる類似性や相違は、心が作りだしたものにすぎないことになる、とスコトゥスは主張する。もしブラックビューティーとブケパロスが共有する馬性という共通本性（そして共有されているため、数的一性よりも小さい一性をもつ）が実在しないとすれば、ブラックビューティーとブケパロスは、似ているように見えるという、ただそれだけの理由で似ていることになるのである。

スコトゥスは、自分の見解の妥当性を示すために幾つかの強固な議論をしている。例えば、「或る黒いモノと本当に正反対のものを考えてみよ」と言う。そのものは白くなければならないし、（本当に正反対のものなら）実在するモノでなければならない。そして、〔ボエティウスやアベラールはじめ当時の〕誰もが認めていた格率であるが、実在するモノはどれも一つでなければならないので、そうしたモノは一つでなければならない。しかし、或る黒いモノと正反対のモノは数的には一ではない。なぜなら、この黒いモノと本当に正反対の白いモノは一つしかないという具合にはならないからである。じっさい、白いモノなら何でもこの黒いモノと正反対のモノである。数的一性より小さい一性を正当化する議論においては、スコトゥスは、他の形態の実在論が批判に耐えられないことを前提にしている。しかし〔他の箇所では〕他の既存の実在論に対して詳細な批判を行っている。

スコトゥスはまた、馬性という共通本性を共有するブラックビューティーとブケパロスを個別の馬たらしめるものは何かについて説明する必要がある。スコトゥスは、個別化の原理を偶有性や質料や単なる否定的なものと捉える見解に反論し、個物はそれぞれ個別化するもの（とりわけスコトゥスよりも後の時代に、時として「このもの性《ハエッケイタス》★4」と呼ばれたもの）によって実際に個別化されているという見解を残した。個別化するものは共通本性を個物へと「縮限する」。しかし、個物のなかにある二つのもの――共通本性と個別化するもの――は、モノとモノとして区別されないとスコトゥスは言う。彼の言葉を用いれば、単に「形相的」に区別されるのだ。例えば、ブラックビューティーは一つのモノにすぎないが、形相的には異なる二つの実在性――馬性という共通本性と個別化するもの――を有しているのである。

オッカム――唯名論の再登場

「個別化するもの」と「形相的区別」というスコトゥスの手の込んだ《バロック》概念装置をウィリアム・オッカムは拒絶した。二つのものはモノとモノ、概念と概念、あるいはモノと概念としてのみ区別されうるとオッカムは力説した。スコトゥスの理論の如何は、次の二つの事柄の両方を支持することが可能かどうかにかかっている。一つは、ブラックビューティーの本性がブラックビューティーを個別化するものとは異なることである。もう一つは、このブラックビューティーの本性とこのブラックビューティーを個別化するものが、互いに異なるモノではなく、またそれゆえにブラックビューティー自身とも異なるモノではないということである。

スコトゥスの立場が基づいている「形相的区別」を否定することで、オッカムは、スコトゥスの立場に対して数多くの反論をすることができる。例えば、オッカムの見地からは、ブラックビューティーと馬性は異なるモノではないので、ブラックビューティーはブラックビューティーの本性である馬性と異ならない、ということをスコトゥスは支持しなければならない。しかし、ブラックビューティーはブケパロスとは異なるモノである（そしてブケパロスもブケパロスの本性とは異ならない）。したがって、ブラックビューティーの本性はブケパロスの本性とは異なるモノである。すると、すべての馬は自分に固有な本性を（そしてオッカム曰く、自分に固有な種を）もたなければならないということになるだろう。これ〔個体であるブラックビューティーやブケパロスがそれぞれ別の種をなすといったこと〕は、ばかげた結論である。

オッカムはスコトゥスの実在論だけでなくあらゆるタイプの実在論を否定した。（オッカムはアベラールの著作を知らなかったが、アベラールと同様に）オッカムは、普遍はこの世界のなかにあるモノではないと主張した。むしろ、普遍は〔外界には〕実在しない心的対象である。そして後にオッカムが至った考えによれば、普遍は普遍について考える私たちの思考のはたらきと同一である。オッカムは、アベラールの「状態《スタトゥス》」のようなものを導入する必要性を感じなかった。〔心的対象や思考のはたらきといった〕心的普遍でもって、普遍の下にあるすべての個物を指示するのに十分だと考えたからである。オッカムは心的普遍を心的言語に属する単語と捉えている。その単語はそれが示す事物と自然本性的に結びついている。英語の'horse'という単語が単に規約によって馬に用いられるのに対して、心的言語の単語'HORSE'は、何らかの仕方で（オッカムの示唆によれば、類似性によって、また因果性を通して）すべての馬を、そしてただ馬だけを示すのに適しているのである。

オッカムの唯名論（および、少し後にパリのジャン・ビュリダンによって展開された、いくぶん異なる唯名論）は問題の決着をつけなかった。一四世紀後半から一五世紀にかけて、普遍について活発な論争が交わされた。普遍の問題に対して提出された最も洗練されていて最も複雑な解答は、あるいは一六世紀末にスアレスが提示したものかもしれない。スアレスはとりわけオッカムとスコトゥスに依拠したが、ある知的な会話に参加していたと言える。その会話で使われている術語は確実にアプロディシアスのアレクサンドロスにまで遡るものであり、そしてアレクサンドロスを通して、アリストテレスにまで遡るものであった。

7 心、身体、死——アヴェロエスとポンポナッツィ

第6章では、幾つかの術語を説明した後、今日の哲学者が認めると思われる、普遍の問題についての一般的な解説から、アヴィセンナとアベラールへとただちに話を進めることができた。心と身体について論じる本章は、普遍についての前章と比較すると、中世の議論と今日の議論との距離はそれほど近くない。この距離の理由は意外なものかもしれない。その理由は、多くの人が考えるように、魂の不死についての宗教的な考えにあるわけではない。事実、ユダヤ教とイスラーム教の不死についての正統教義は、〔身体を含む〕ひとりひとりの人間全体の復活に関わるものである（カラーム神学者の多くはじっさい徹底的な唯物論者だった）。そして、カトリック教会は、人間の魂は身体から離れて生き残ると主張していたが、この見解を、啓示された教義《ドグマ》としては受け入れつつも哲学の領域内では否定しようとしていたキリスト教思想家は存在した。現代の心身問題からの距離は、宗教的な考えから生じるというより、むしろ中世の思想家の大半が心と身体について考えるうえで前提としていたアリストテレス的枠組と、アリストテレスの解釈者たちが発

展させた、知性認識に関する宇宙論的な見方[★1]から生じるのである。

魂と知性認識と不死に関するアリストテレスの考察

現代の心身問題は、アリストテレス主義者や中世の心身問題の議論と枠組を共有していない。私たちにとって、デカルトの区別(それはプラトンのものとかなり共通している)は、たとえそこからデカルトが引きだす二元論を完全に拒絶するとしても、明白なものであるように思われる。一方には心が――私たちは「心」という言葉で、思考や心のなかのイメージや感覚や痛みといった「意識」を指している――、他方には非常に複雑な機械である身体がある。アリストテレスはこうした区別をしない。むしろアリストテレスは、生きものであろうとなかろうと、実体の構成について考えることから始める。

(第6章で論じたように)アリストテレスは『カテゴリー論』で実体と偶有性を区別した。しかし他の著作では、実体そのものがどのように構成されているのかについても分析している。アリストテレスによると、実体は実体形相と質料が複合されたものである。質料は単なる可能態であり、形相なくして現実に存在することはない。実体形相とは「そのモノが何であるか」であり、例えば、このモノを石たらしめている「石性」がそうである。実体形相は種に対応しているが、(多くの議論があるところだが)アリストテレスは実体形相を普遍と見なしていなかったようである(だから〔本性そのものは個的でも普遍的でもないとする〕本性に関するアヴィセンナの学説〔第6章を参照〕はアリストテレスの理論を明確にしていると言える)。

石の場合、石の形相は、どうして質料が石となるべく構成されているのかを説明するものと言えるかもしれない。しかし木の場合には話がもっと複雑である。木であるということは単に一定の仕方で構成されているということにとどまらない。種から生じて、葉を生やし、種をつけるといったような、ある種の生命活動をもつことも含んでいる。木の形相は、木の生命活動を説明するもので、アリストテレスによって、木の「魂」と呼ばれた。同様に、馬の形相は馬の魂であって、馬の物理的構造と成長だけではなく、馬がもつ運動能力、感覚知覚能力、食べ物等を探す能力、火等を避ける能力も説明する。人間もひとりひとりが自分の実体形相としての魂を有している。人間の魂は、人間が植物や他の動物と同じように有している生命活動——成長、感覚、想像や想起といった内部感覚の活動——だけではなく、知的な推論を行うという、肉体をもつもののなかで人間だけがもつ能力も説明する。

かくしてアリストテレスにとっては、無生物と生物の間に根本的な違いがある。両者は質料と形相からなる同じ構造を共有してはいるが、生物だけが魂を有している。アリストテレスは存在するものを意識の有無によって峻別することはしなかった。人間がもつ意識のはたらきの多くは、他の動物と共有しているような人間の魂の側面に属している。例えば、苦痛や感覚知覚、想像上の視覚的イメージやイメージとイメージを結びつけるはたらきといったものでさえ、人間は他の動物と共有している。こうした意識のはたらきはすべて、身体器官、すなわち耳や目といった感覚器官や、脳にある内部感覚の機能に依存していると考えられている。

しかしながら、アリストテレスが人間以外の動物によってなされるあらゆることと明確に区別、する人間の活動が一つある。知性の活動である推論である。アリストテレスによれば、知性は科学的理論を形成可能にするような論理的な方法で、普遍や普遍同士の関係について推論する。感覚が個的な可感的形相(この匂いやあの視覚的イメージ)によって形相づけられることで知覚するように、知性は普遍的な形相(例えば、個別化された場合に一つの石を石であるところのものにする石性)を受け取り、それらの形相を用いて推論する。知性は形相を受け取るまでは、完全に可能態にある。人間は感覚的イメージを伴わないと知性を用いることはできないとアリストテレスは付言しているが、普遍的な形相は、感覚器官によって受け取られる形相とは対照的に非質料的なものである。

アリストテレスの知性の概念は、魂と身体の関係についてのアリストテレスの見解を複雑なものにしている。アリストテレスは、まさに生命体の形相としての魂の概念によって、二元論と身体の死後の魂の存続の可能性を排除したようにみえるだろう。形相が属するものが消滅した場合に、どうして形相が存在しうるだろうか？　アリストテレス自身は「魂も、そしてもし魂が部分をもつとしたら魂の特定の部分も、身体から分離されえない」ことは「不明確ではない」と判定している(『魂について』第二巻一章)。しかし問題はそれほど単純ではないことが判明する。

アリストテレスは、魂の部分が身体の「現実態」ではない場合に、つまり身体の形相としては機能せず、身体の機能から独立した機能をもつ場合に、その部分が身体から分離されうるという可能性を、少なくとも理論的には明らかに残している。また、形相を受け取る知性(完全に可能態にある「可能知性」または「質料的知性」)だけではなく、すべてのものを作り出す「分離可能で、非受動的で、混合されていない」能動知性があると述べている〔『魂について』第三巻五章〕。しかし、アリストテレスがこの箇所でも人間の認識について語っているのか、そしてもしそうであれば、能動知性が各人の魂の一部なのか、それとも魂の外にある単一のモノなのかは明らかではない。

アラビアにおけるアリストテレス主義の伝統

古代末期のギリシア註釈家は能動知性の問題について見解の一致を得なかったが、アラビアのアリストテレス主義者は、能動知性は単一で離在的で永遠で非物体的なものであるという点で一致していた。アヴェロエス以前の伝統では、能動知性は、ファーラービーによって考案された体系の内に位置づけられていた。この体系は、アリストテレスの形而上学や魂論、プロクロスの新プラトン主義、宇宙を九つの同心円状にある天球から成る構造物と捉えるプトレマイオス的な宇宙観を伴っていた。第一原因である神から第一知性体が流出する。[★2] 第一知性体は、それが動かす第一の、最も外側の天球と第二知性体の両方を生み出す原因である。この過程は第九の天球の知性体から最後の最下位の知性体が流出するまで繰り返される。この最下位の知性体が活動（あるいは、しばしば「能動」と形容される）知性である。[★3] 能動知性は別の知性体や天球を生み出さない（図8を参照）。[★4] 一部のアラビアのアリストテレス主義の思想家の見解によれば、能動知性の役割は、私たちの世界（「月下の世界」――最下位の天球である月の天球の下にあるためにこう呼ばれる――）において形相を質料に与え、永遠に続く生成と消滅の過程を保証し、人間知性が普遍を

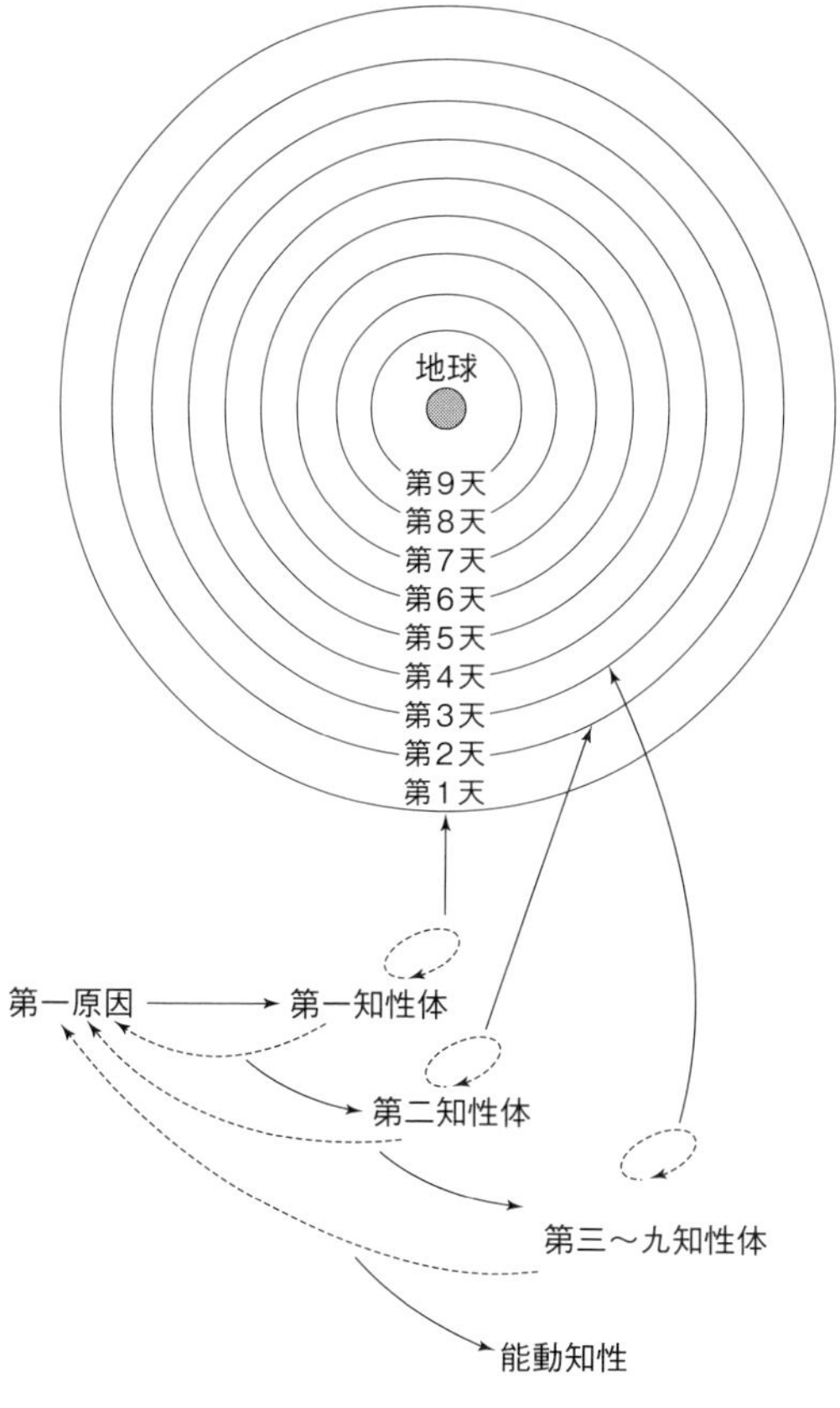

図8　ファーラービーが考えた宇宙の体系
〔実線は流出・生成を，点線は思惟を示している．第一知性体は第一原因を考える限りで第二知性体を生み，自己自身を考える限りで第一の天球を生む．第二知性体は，第一原因を考える限りで第三知性体を生み，自己自身を考える限りで第二の天球を生む．以下同様．〕

把握することを可能にすることにある。

すべての普遍、したがって実在についての完全な科学的認識は、第一原因の完全な一性の内に含まれており、能動知性に至るまでの一連の天上の知性体に伝達されると考えられていた。アヴィセンナにとっては、こうした体系は、普遍に関する彼の理論と折り合いがよくないような知性認識の説明を招くものだった。私たちは感覚知覚に始まり、〔感覚知覚内容を〕集めて抽象することで、例えば馬の純粋なイメージにたどりつく。抽象を準備するはたらきが表象能力で（したがって脳という身体器官で）終わると、能動知性が私たちの（非物体的な）可能知性に連結し、その結果、求めている馬の中の本性を私たちは把握することができる。求めている馬の本性は、元をたどれば、神の精神の中にある、馬についての普遍的な観念から伝達されたものである。私たちはいったん普遍を把握すると普遍概念を保持することができるということすらアヴィセンナは否定した。むしろ習慣によって、普遍の認識に必要とされる能動知性との連結がより容易になるのである。

可能知性に関しては、ギリシア註釈家の間で、またアヴェロエス以前（そして以後）のイスラームの哲学者の間で大枠での見解の一致があり、各人が自分の可能知性をもつと考えられていた。アリストテレス主義の伝統では、認識は認識されるものとの類同化（「似たものは似たものによって認識される」）を要求するので、〔個別的な条件を伴う〕身体的なものは普遍を受容し、普遍を知るものではありえないと考えられていた。したがって可能知性は非物体的なものである（しかし形相を受け取るという意味で「質料的」と呼ばれうる）と考えられていた。アヴィセンナは、可能知性の非身体性を可能知性の不死を支持する論拠として用いた。しかし少数の人々の間には、可能知性は可能知性が形相づけている身体と共に滅びるという、アプロディシアスのアレクサンドロスが提示した見解も存在した。

知性および死と不死に関するアヴェロエスの考察

アヴェロエスは、アプロディシアスのアレクサンドロスと似た見解を（初期著作のなかで）とった後、〔アリストテレスの〕『魂について』の『大註解』のなかで、次のような見解を展開して、それまでの可能知性解釈の伝統から離れた。その見解とは、能動知性だけではなく、可能（あるいは「質料的」）知性も、全人類にたった一つしかないというものである。この二つの知性は、どちらも離在的で非質料的なものであって、月下の世界のどんなモノにも似ていない。それらは、形相でもなく質料でもなく、形相と質料から複合されているものでもない。一見アヴェロエスは、全人類はたった一つの同じ心をもっているという、明らかにばかげた見解を表明しているようにみえる。しかし、実際のアヴェロエスの立場は、ずっと興味深くて、妥当性があるものである。

アヴェロエスが最初に指摘したのは、普遍的な形相を受容する可能知性は非質料的であるはずだということである。可能知性の機能は普遍的な形相を普遍として把握することにあるのに、もし可能知性が物体的なものであれば、可能知性は形相を、物体が形相を受容するような仕方で、つまり形相を個物にして受けとることになるだろう。以上は、ほとんどすべてのアリストテレス主義者が認めていたことを述べたにすぎない。だが、アヴェロエスは別のアリストテレス的原理を導入する。その原理は、モノを個別化するのは物体的な質料であるというものである。ところが可能知性は物体的ではないので、各人間が一つずつ知性をもつといったように個別化されえない。したがって、全人類にはたった一つの知性しかないはずなのだ。

知性の単一性は幾つかの説明上の便宜をもたらす。あなたと私が数学や天文学を学んでいるときに、二人が学んでいるのが同一の科学であるのはなぜかを説明できる。しかし、容認できないほど高い説明上の代償もあるようにみえる。私が天文学を学んだら、あなたも天文学を学んだということにはならない。私たちが学んだり知ったりすることは私たちひとりひとりにとって固有の経験であり、自分の努力に左右されるような事柄である。個人としての人間がどのように単一の知性に関係しているのかについて、アヴェロエスは、私たちの知識の個別性を尊重できるような説明をする必要がある。

アヴィセンナと同様にアヴェロエスは、表象能力によって形成される「剝き出しにされた」形相を準備して、私たちが普遍を把握できるようにするはたらきをしているのは、外部感覚および内部感覚である、と考えた。表象能力によって形成される「剝き出しにされた」形相は普遍にほど近いが、〔脳にある〕表象能力によって形成されるものなので物体的な形相である。アヴィセンナによれば、続いて、人はその人自身の可能知性のなかに、能動知性から普遍的な形相を受けとる。アヴェロエスによれば、ほぼ逆の事態が生じる。アヴェロエスはそれについて感覚作用とのアナロジーを用いて説明している。私が目の前にあるこのカップの白さを感覚知覚しているとしよう。このカップの白さの感覚知覚が存在するためには、白いカップそのものと私の視覚能力という二つのものが必要とされる。この二つはどちらも(カップが、カップに内属する白さという偶有性の「下にあるもの《サブジェクト》」であるのと同じように)感覚知覚の「下にあるもの」である。同様に、普遍的な馬を理解するはたらきには二つの「下にあるモノ」がある。感覚的な表象能力によって与えられる「剝き出しにされた」馬のイメージの形相と、(単一であり、私からも他のすべての人間からも離在して存在している)可能知性である。私の表象能力によって形成された形相は、アナロジーのなかの白いカップの役割を果たしている。表象能力によって形成される形相なしには、アヴェロエスが言うには、「真の」理解はありえない。可能知性は、アナロジーのなかの私の視覚能力の役割を果たしている。ちょうど視覚の知覚が感覚器官以外のうちには存在しえないのと同様に、非質料的な普遍は、普遍を認識する非質料的な(したがって、アヴェロエスによれば、個別化されていない)モノのなか以外にはありえないのである。

アヴェロエスは、この過程における能動知性の役割を別のアナロジーによって説明する。私が色のついた物体を見るとき、その物体と私の目の間の空気は色で満たされる必要があるが、こうしたことが生じるのは、その物体に光が当たっているときに限られる。同様に、能動知性は、表象能力によって形成された、私の内部感覚のなかにある、「剝き出しにされた」形相を太陽のように照らし、それらの形相を可能知性を満たすような普遍に変えるのだ。

したがって、普遍の知性認識が基盤としている「剝き出しにされた」感覚的イメージを私が供給しているならば、普遍(例えば馬)の知性認識は私のものである。「剝き出しにされた」感覚的イメージの供給は私たちの意志によって生じ、(イメージの精確さや供給のスピードについて)ある程度は各人の支配するところであって、世界について研究し、学習に集中するにしたがって改善できる能力であるとアヴェロエスは考えていた。アヴェロエスは、単に遠方から私たちにはたらきかけ、各人が供給する感覚的イメージを用いるという以上に私たちとの繋がりをもたないものとして能動知性を描いてはいない。知的認識のはたらきにおいて、能動知性は感覚的イメージを供給する人に結合される。知識の追求に携わり、科学を習得すればするほど、能動知性との結合はより緊密かつ完全になる。アヴェロエスは、能動知性との結合が人間としての完全な充足と幸福を与えると考えていた。

しかし、アヴェロエスの知性論がもたらした最大の衝撃は、晩年のアヴェロエスがとった、より広範囲な形而上学的立場の見地においてのみ明白となる。アヴェロエスは、ファーラービーが展開し、アヴィセンナが用いた、プラトン主義に影響を受けた流出論を放棄した。アヴェロエスはアリストテレスにしたがって、第一動者が存在すること、そして天球を動かす知性体が存在することを認めた。しかし、アリストテレス自身がかつて言ったように(『形而上学』第一二巻七章)、そうした知性体は、最も完全な存在である第一動者への渇望のために(第一動者の完全性を模倣すべく)天球を動かすのである。また、月下の世界に形相を与えるものとしての能動知性の役割は除去された。

さらに、第一動者は自分のことだけを考えて、他のモノについては自分がそれらのモノの原因である限りにおいて知るのであるから、普遍的な概念が第一動者から能動知性へと受け渡されるはずがない。能動知性は単に、人間が準備した「剝き出しにされた」イメージを、それ自体では空っぽの純粋な受容体である可能知性において普遍的なものにする能力として提示される。アヴェロエスの見解によれば、人間は自分自身の知性はもたないが、同時に人間なくして知性認識はない。人間が供給する感覚的イメージは、認識過程の単なる一要素にすぎないのでなくて、認識の中身を成しているのだ。

したがって、知覚の場合と微妙な非類似性《ディスアナロジー》がある。私の前に白いモノが存在していないとしても、白いという誤った視覚の知覚を私がもつことはありうる。しかし、「剝き出しにされた」馬のイメージを供給する誰かがいなければ、可能知性は、普遍的な「馬」によって形相づけられるはずがない。こうしたわけで、アヴェロエスは、いつでも世界のどこかに哲学者がいることを説明するのに骨を折った。というのも、もし哲学者がいなければ、能動知性と質料的知性〔可能知性〕の本来の機能は停止してしまうからである。通常のアヴェロエスの知性論の説明では決して示唆されないような仕方で、アヴェロエスは、アリストテレス以来のどの思想家よりも堅固に人間を宇宙の中心に据えた見方をしているのである。

トマス・アクィナスとアヴェロエスの魂論への反応

『魂について』のアヴェロエスの『大註解』が残って普及したのは〔ラテン語訳からヘブライ語に翻訳された中世後期まで〕ラテン哲学の伝統のなかに限られていた。アヴィセンナの解釈にしたがって能動知性と神そのものを同一視することで、一三世紀初頭のラテン神学者たちは、彼らがアリストテレスの思想と解釈したものを、それほど苦にすることなく取り入れることができた。しかし一三世紀半ばまでに、アヴェロエスの魂論を読んで正しく理解すると、肉体を離れた人間の魂に関して個人の不死を明確に否定しているため、神学者たちはその理論を糾弾した。対照的に、多くの学芸学部教師たちは、それが『魂について』の最良の解釈だと確信していたし、アリストテレスの解説者としての自分たちの役割にしたがって、キリスト教の教義による真理とは異なることを認めつつも、アヴェロエスの魂論を採用した。

アヴェロエスの魂論に対して最も強力な批判をしたのはトマス・アクィナスであった。アクィナスは、アヴェロエスの見解は、アリストテレスの『魂について』の解釈の伝統すべてに反していると指摘した。また、哲学的に容認できないと論じた。アヴェロエスの魂論において能動知性と各個人の関係は目と壁の関係に似ている、とアクィナスは言う。目が壁に属する色を見るように、能動知性は、個人に属する「剝ぎ取られた」イメージを可能知性に受け取られる普遍に変換する。しかし、「目が色のついた壁を見ている」とは言うが、「壁が見ている」とは言わない。したがって、アヴェロエスの体系においては、人間が知性認識しているというよりも、離在知性が〔認識主体と考えられている〕人間を認識しているのだ、とアクィナスは結論づける。しかしアヴェロエスは、そのアナロジーは正確ではないと応答しうるだろう。人間と違って、壁は認識活動に自発的に貢献することはない。

アクィナス自身は、人間の魂と身体には形相と質料の関係があるとするアリストテレスの見解に厳格に従うことを望んでいたという点で、アヴェロエスに似ていた。しかしアクィナスは、知性は（能動知性も可能知性も）完全に人間の魂の一部であると主張した。人間の魂は知性以外の能力をもってはいるが、知性的魂であることに間違いない。アクィナスは、知性的魂を唯一の実体形相として人間の身体ときわめて密接に結びつけることによって、人間個人の一性を魅力的な仕方で確保するような見解を提示した。しかしながら、魂が身体の形相であるなら、どうして魂が身体なしに存続しうるのかということを示すのは容易ではなかった。アクィナスの議論によれば、魂に特有の活動は知的な推論であって、その活動は知覚や表象とは違って身体器官を必要としないので、魂は身体なしに存続しうるのである。

対照的に、アクィナスの時代のキリスト教神学者の大半は、人間は少なくとも、魂〔という実体形相〕と身体の実体形相という、二つの実体形相をもつと考えていた。こうした反アリストテレス的な二元論は魂の存続と不死の説明を容易にした。こうした二元論的アプローチは、洗練された様々なかたちで、後期中世の神学者の間で最も支持を集めた。しかし学芸学部教師たちは、神学者たちから攻撃され、公式に断罪されたものだったにもかかわらず、しばしばアヴェロエスの見解ないしはアヴェロエス説の改訂を選択した。アリストテレスの見解とは異なるが、魂の不死についてのキリスト教の教義は真である、と付け加えることを忘れない限りは、彼らのアヴェロエス主義はたいてい容認されていた。ジャン・ビュリダンのように、人間の魂は他の動物の魂と同様に死を免れないものであるというアプロディシアスのアレクサンドロスの見解を、『魂について』の最良の解釈であり、理性的には最も説得力のある学説である――もっとも、こうした見解は、キリスト教の教えと矛盾するので偽として退けられるべきものだ〔と付け加えられはしたが〕――として好んだ人もいた。

魂の不死に関するポンポナッツィの考察

ポンポナッツィは、一五一六年に出版された論考『魂の不死について』で、アヴェロエスの見解や、魂の不死を支持する議論をするためにプラトンに依拠していたフィチーノの見解を即座に退けた。しかしアクィナスの見解については詳細に検討している。アヴェロス主義者、いやアリストテレス主義者に値する者なら誰でもそうするであろうように、フィチーノは、身体をもたない人間の魂の個別化がいかにして可能かという疑問を呈している。というのも、〔アリストテレス主義の考え方にしたがえば〕個別化は質料によってなされるからである。しかし、ポンポナッツィの主要な批判は、人間の知性的魂は身体の形相でありうるが、それ自体で存続できるほどに身体から分離している、とするアクィナスの主張に向けられている。

ポンポナッツィが見るところでは、一方で人間の魂の活動の一つである知的思考が身体器官を必要としていないことは、人間の魂が身体から切り離されうることを示唆しているが、他方で感覚のような魂の他の活動は実際に身体器官を必要としているので、人間の魂が身体から離れて存続できないと考えることにも強い根拠がある。もし、アクィナスの主張するように、人間の知的活動が身体から独立しているなら、人間の魂は、それが人間の実体形相である場合にまさにそうあるはずであるように、身体をもつものとしての人間の生命活動を説明するもの(「器官をもつ身体の現実態」〔アリストテレス『魂について』第二巻一章〕)ではないだろう。またポンポナッツィは、身体をもつ人間の魂は知性認識の過程で感覚的イメージを用いるが、同じ魂が身体から切り離された状態では感覚的イメージなしに認識することができる、というアクィナスの主張の弱点を指摘している。身体から切り離された魂は身体と結びついている魂と本当に同じ魂だと言えるのだろうか？　感覚的イメージなしで済ませられる能力を魂がもっているのなら、魂は身体と結びついているときになぜそうできないのだろうか？

ポンポナッツィによれば、アクィナスは、人間の魂は絶対的な意味では不死だが、限定的な（植物的・感覚的な側面では可滅的であるという）意味では可死的であるという立場をとっている。ポンポナッツィ自身が提起し擁護する立場は、むしろ人間の魂は絶対的な意味では可死的であり、限定的な意味では不死であるというものである。この限定的な意味での不死は、永遠で不変の物事を把握する人間の能力だけに帰せられる。ポンポナッツィが言うには、認識はタイプによって三つのレベルで質料から切り離されうる。知性体は完全に質料から切り離された仕方で知る。対照的なのが感覚的な知覚能力である。ポンポナッツィの見解によれば、感覚的知覚は質料的な受容を伴わないにもかかわらず――なぜなら、例えば視覚は見る対象そのものを受容するのではなくて、対象の類似性を受容するからである――感覚的知覚は、対《オブジェクト》象である感覚されるモノと基《サブジェクト》体である身体的な感覚器官の双方を与える質料的世界に完全に根ざしている。

この二つ（知性体と感覚知覚能力）の中間にあるのが人間知性である。人間知性は基体として感覚器官に依存していないが、対象として表象能力、したがって感覚器官を必要とする。というのも、表象能力のなかのイメージを伴うことなしに私たちは知性認識することができない、とアリストテレスは主張しているからである（『魂について』第三巻七章）。ポンポナッツィの見解とアクィナスの見解との相違を成しているのは、おそらく何よりも、ポンポナッツィがこの要件（知性認識における表象能力の必要性）に課している重みであろう。この二人の思想家は、人間知性は非質料的な能力であり、身体器官に属する能力ではないとする点で意見が一致している。しかしポンポナッツィは、人間知性は（脳にある）表象能力がはたらくことなしには機能できないので、身体を失った後には存続できないと力説する。

ポンポナッツィは自分の見解を精力的に擁護した。自分のアリストテレス解釈に対して直接向けられた反論に応答しただけではなく、人間の魂は滅びるという自分の見解の帰結に対して向けられた、より幅広い反論にも応答した。死後の生がないなら、したがって死後に報いも罰もないなら、なぜ母国のために死ぬことを選ぶべきなのか？　自分の命をつなぐために、なぜ恐ろしい犯罪を犯そうとしないのか？　ポンポナッツィは、徳に対する真の報いは徳そのものだと答えている。天国での至福といった外的な報いを望んで善い行いをする者は十分に徳があるとは言えない。世界のすべての宗教が魂の不死を支持しているという反論に対しては、ポンポナッツィは、自分以外のほとんどすべての人が間違っているとする弱い立場にあるわけだが、澄ました顔で次のように答えている。キリスト教とユダヤ教とイスラーム教という三つの宗教しかないと仮定しよう。それらの宗教は偽であり、全員が間違っているか、少なくとも三つの宗教のうち二つが偽であり、大半の人が間違っているかのどちらかである。

こうした発言のために、ポンポナッツィを、宗教的信仰を弱体化させることを目指した啓蒙主義の先駆者とみる人もいる。しかし知性に関するアヴェロエスの見解に従った多くの学芸学部教師と同様に、ポンポナッツィは、自分が熱心に擁護する立場からは公然と距離をとって、不死に関するキリスト教の教えが（そして不死に関するアクィナスの解釈も！）まさに真理であることを認めているのである。

しかし、このように啓蒙主義の先駆者としてポンポナッツィを評価する人たちは、自分の仕事を出版するために、また異端者として断罪されないために必要だったことをポンポナッツィはしたまでだ、と言う。しかし、注意深くなされた彼の発言を額面通りにとるだけの根拠がある。ポンポナッツィは、魂の不死はアリストテレスによって弁護されていないこと、魂の不死も死も論証できるような事柄ではないことを示した（魂の死を支持してポンポナッツィがした議論はどれも「論証」とは言われていない）と主張している。したがって、魂の不死は、アクィナスが世界の永遠性の問題についてそう記述したのと同様に、正否を判定できないような問題である。理性はどちらか一方に決定的な評決を下すことができないので、確かな答えを与えてくれる信仰に向かうのが理にかなっているのである。

ポンポナッツィは、宗教を弱体化しようとする勇気があったのではない。当時、教会が思想家に対して、とくにキリスト教の教義を支持するような、また異端の見解に反論するような理性的議論を見つけるように要求する傾向性を増していたことに反対する勇気があったのである。そしてこのことこそが、教会の権威に反し、人間理性の制約と人間理性に固有な領域の自立性の双方を強調したポンポナッツィが絶えず拒んだ要求であった。

8　予知と自由——ボエティウスとゲルソニデス

未来の真理の問題

偶然的に起こる未来の出来事がある、つまり起こるかもしれないし起こらないかもしれない出来事があるということを多くの人は当たり前だと思っている。特に、私たちはふつう、自分が選択すること、例えば私がワインを明日飲むか飲まないかといったことは偶然的であると考える。もしこの出来事が偶然的でないなら、私が明日ワインを飲むことや飲まないことは決まっていて、起こるかもしれないし起こらないかもしれないようなことではないのである。そうだとすると、どうして私の選択の問題になるだろうか？〔いやならない。したがって、選択することは偶然的であるはずである。〕だが、アリストテレスが『命題論』で初めて指摘したように、そこには問題がある。もし「明日ジョン・マレンボンはワインを飲むだろう」という文が現在真なら、私が明日ワインを飲むことは現在において事実である。私にはそうしないという選択肢はない。もしその文が偽であるなら、私にはそうするという選択肢はない。しかし、私たちがふつうに考えると、その文は真か偽であるにちがいなく、真か偽のどちらかであって、その中間はない。したがって、私が明日ワインを飲むことは偶然的ではない。また同様の議論によって、あらゆる未来の出来事は偶然的ではないことになる。

この難題に取り組むのには様々なやり方がある。最も単純なのは、単に、未来の偶然的な物事に関する文は真か偽かのいずれかでなければならないという仮定を捨てるというものだ。本章はさらに困難な「（神の）予知の問題」を扱う。その問題は、プラトン主義者やユダヤ教徒、キリスト教徒、イスラーム教徒の神のように、全知の神（物事をすべて知っている神）が問題設定に加えられる場合に生じる。もし神が物事をすべて知っているとすると、神は私が明日ワインを飲むか否かを知っている。そして神は不変であるから、まったき永遠の昔からそうなることを知っている。したがって、この出来事は、神が予知するようになるほかないのである。私が明日ワインを飲むことは偶然的にみえるがそうではなく、明日ワインを飲むか否かを私は選択することができない。ここには、文の真理の場合のような（その文は真でも偽でもないとする）明白な逃げ道が存在しない。なぜなら、少なくとも大方の思想家の考えによれば、完全で無限の知恵をもつ神がこうした（マレンボンが明日ワインを飲むかどうかといったことに関する）知を欠くことはありえないからだ。二〇〇〇年以上の議論を経てもなお、神の予知の問題は宗教哲学者を悩ませている。

偶然性・必然性と自由意志

中世に議論されていたように予知の問題を理解するためには、二つの予備的説明が必要である。

それは、偶然性と必然性に関するアリストテレス的理解と、両立論および非両立論についての説明である。

偶然性と必然性　古代、中世、そして現代の哲学者は、ある物事が偶然的ならば、それは必然的でも不可能（不可能なことは必然的にないようなことである）でもない、ということを認めている点で一致している。しかし今日の哲学者は、必然性そのものについて古代・中世とは異なる理解をしている。彼らは、文と関係する、いわゆる「論理的」必然性に最も関心がある。文（例えば「2＋2＝4である。」や「もし彼が独身男性ならば、彼は結婚していない。」など）は、その否定が矛盾するならば、またそういう場合に限って論理的に必然的である。また彼らは、「私が自力で飛行することは物理的に不可能だ」といったように、物理的必然性と物理的不可能性について語ることもあるだろう。こうした意味での必然性（論理的・物理的必然性）のいずれによっても、アリストテレス的な伝統に存在する、広い意味での「必然」を精確に捉えることはできない。

アリストテレス的な伝統では、別様ではありえない出来事が、何ひとつとしてそれらの出来事を変えることはできないという意味で必然的である。アリストテレス的な伝統で愛用される必然的出来事の例の一つが「太陽は明日昇るだろう」である。この出来事は、現代哲学の術語でいうと「物理的に必然的」である。しかし、「私が昨日ワインを飲んだ」ということも、今や何ひとつとしてその出来事を変えることができないので、アリストテレス的術語では「必然的」なのである。他方、現代の哲学者は（一部の現代哲学者が許容するであろう「偶然的に（必然的である）」というのでなければ）その出来事を必然的とは考えないだろう。中世の哲学者はたいていアリストテレス的な必然性の理解でもって予知の問題を議論した。ただドゥンス・スコトゥスは、後に説明するように、予知の問題によって、偶然性・必然性に関するアリストテレスの見解を却下する方向へと進んだ。

両立論と非両立論　未来の出来事はすべて必然的であるという結論が私たちを動揺させる主な理由は、それが人間の自由意志を否定するように見えるからである。明日私がワインを飲むことが必然的だとすれば、私が飲酒を控えることを選ぶことはできないように思われる。しかし一部の哲学者はこうした帰結〔ある出来事が必然的ならば、その出来事を選択する自由はない〕を認めない。こうした見解をとるいわゆる「両立論者」の主張にしたがえば、私たちが自らの意志を行使して選択を行う限り、たとえ実際にはそうした選択以外はありえなかったとしても、私たちは自由である。アリストテレスは明白に、これとは反対の「非両立論者」の立場をとっている。「非両立論者」の見解によれば、もし未来が必然的で私たちが現実に他の選択肢をもたないとしたら、私たちは自由をもたないことになる。そうすると自分の行為に責任はなく、自分の行為に応じて報奨や罰を受けることは正当化されない。

中世の哲学者がどの程度両立論を認めていたかについては歴史家の議論があるところである。しかし予知の問題に取り組むにあたっては、中世の哲学者の大半は、すべての物事が必然的に生じることを認めたうえで、両立論を持ちだすことで人間の自由意志を回復する、という急進的な戦略をとることは好まなかった。むしろ、たいてい彼らは、神の全知と未来の偶然的な出来事との調和を図る何らかの方法を見つけようとしたのである。

予知の問題に対するボエティウスの解答

ボエティウスは『哲学の慰め』の最終巻で予知の問題に取り組んでいる。ボエティウスは、それ以前にアリストテレスの『命題論』を註解する際に、未来の偶然的な物事についての文の真理に関わる論理的な問題を論じていた。ボエティウスにとっての予知の問題が次のように記述できることは明白であるように思われる。——もし神が、私が明日何をするかを今知っているとすれば、例えば私がワインを飲むことを知っていれば、神に知られていることは何ひとつとして偽ではありえないので、私は明日必ずワインを飲むだろう。ボエティウスはこうした記述によって動揺することはなかった。

ボエティウスは、出来事を生じさせる神（予定する者としての神）の役割を考察の対象から外して、ただ神の予知だけを考察することを明確にしている。続いて、知識を含めた信念を真にするのは、信念が事物のありかたに対応していることであると説明する。逆に、信念が真であることが事物を特定の仕方で存在するようにさせることはできない。したがって、もし或る出来事が偶然的なら、その出来事についての神の予知が、その出来事を必然的にすることはできないのである。

しかし神の予知の問題は（先ほどの記述とは）異なる仕方で提示されうる。ボエティウスは、そうした仕方で提示された神の予知の問題に答えるのはずっと困難であると考えている。或る人が或る事を知っているためには、たまたま真である信念をもつことでは十分ではない。知っている人は、その信念が本当に真であることを確信するような立場にいなければならない。こうした確実性は、知られているものが固定され決定されていることを要求する。未来の偶然的な出来事があるとしよう。そうした出来事はまさしく固定された結果をもたないようなものであり、したがって、真なる信念の対象であるかもしれないが、そうした出来事について知識はありえないのである。そうすると、次の二つのうちのどちらかである。(a) 未来の偶然的な出来事について、それは起こらないかもしれないような仕方で起こるということを神は信じることができるだけだということになる、と言わなければならない。そして、こうした「x は起こるかどうか分からないような仕方で起こるという」信念はたまたま真であるとしても知識ではないだろう。あるいは、(b) 偶然的な出来事が起こるということを神が正しく信じているならば、それが起こらないことはありえないような仕方で起こるということを神は誤って信じている、と言わなければならないだろう。すべてを知る神にはどちらの選択肢もあてはまらないので、そうした選択肢をもたらす前提は否定されるべきである。したがって、いかなる未来の出来事も偶然的ではないのである。

上述のように提示された神の予知の問題を解決するにあたって、ボエティウスは驚くべき展開をみせる。彼は第二の選択肢 (b) がいうように、真なる偶然的な出来事が起こるということ、そしてそれらが起こらないことはありえない、つまりそれらの出来事が必然的に起こるということを神は信じていることを認める。けれども、彼は、そうした神の信念が偽であるという主張を退ける。しかし、偶然的な出来事を必然的であると判断することが偽ではないということがどうしてありうるのか？　ボエティウスの答えは次のようなものである。認識者の信念の真理について判断するときには、認識者の種類と認識の様態を考慮しなければならない。時間と出来事と神の認識の様態との関係を分析すると、それ自体では偶然的な出来事を神が認識するとき、その出来事は神の視点からは必然的であることが判明する。

アリストテレス的見解では、偶然性と必然性は、私たちとの関係における出来事の時間的位置に影響される。私が明日ワインを飲むといった、未来の出来事の多くは偶然的である。というのも、それらの出来事は起こるかもしれないし、起こらないかもしれないからだ。しかし出来事は起こるや否や必然的になる。というのも、その出来事は別様にはなりえないからだ。しかし神と時間との関係は私たちのものとは異なる、とボエティウスは説明する。「神が永遠である」と言うことは、神の存在が始まりも終わりももたないということを意味するだけではない。神の永遠性は、ボエティウスの表現(中世神学でスタンダードとなったフレーズ)によれば「終わりなき生命の全的で同時的で完全な所有」(『哲学の慰め』第五巻六節)なのである。

今日の解釈者のなかには、こうした表現によって、ボエティウスは、神が無時間的である、つまり完全に時間の外に存在することをいおうとしている、と解釈する者もいる。しかし、こうした解釈をとることはできそうにない。というのも、ボエティウスが、神の生命は持続すると考えていたことは明らかだからだ。そしてボエティウスが明確にしたのは、神は永遠であるがゆえに特別な仕方で知っていること、その特別な認識の様態は、時間のなかで生じる出来事と神との関係が私たちのものとは異なることを反映していることである。私たちにとって過去であろうが現在であろうが未来であろうが、神はすべての出来事について、私たちが現在の出来事を知るような仕方で知っているのである。したがって、私が明日一杯のワインを飲むことを神が予知しているとき、目の前にいる私と同じ食卓を囲んでいるあなたが、私がワインを飲んでいるその時にそのこと〔私がワインを飲んでいること〕を知るのと同じ仕方で知っているのだ。その知は実のところ予知ではなく、神の視点からすれば現在起きていることの知だ、とボエティウスは説明する。こうしたわけで、その出来事はそれ自体では偶然的だが、神によって認識されるものとしては必然的である。今この瞬間に起きている事柄、そして今この瞬間に起きていることが知られている事柄は必然的である。なぜなら、その事柄は別様にはなりえないからである。

しかしこうした、神の知識の対象としての出来事の必然性は、その出来事を違うものにする人間の自由を取り去らないだろうか? 「否」とボエティウスは答える。現在の必然性は、また現在の知の必然性は、自由を制限しない。私がこの一杯のワインを飲むのをあなたが見ていて、私がワインを飲んでいることをあなたが知っているという事実は、私の飲酒の自由を少しも減じはしない。なぜなら、私の自由は、現在の事実を私が変えることができることに存しているのではなく、次の瞬間に私が飲むことをやめることを私が実現できることに存しているからである。同様に、神にとって現在である物事に含まれる、過去・現在・未来における私の意図と行動のすべてを神が知っているという事実は、私の自由を少しも減じはしないのだ。

ボエティウス以後

アベラールは、予知の問題に関して、ボエティウスの解答よりもっと単純な解答があると考えた。アベラールは、対処すべき問題は（私が先に）「明白な」問題と呼んだものであると考えた。それはすなわち「もし神が、例えば、私が明日ワインを飲むことを今知っているならば、神によって知られていることが偽であることはありえないので、私は必ず明日ワインを飲む」ということである。アベラールは正しくも、この議論が論理的誤謬に基づいていることを指摘した。「知識」は定義からして真実に関するものでなければならない、という事実から導かれることは、「もし私が明日ワインを飲むことを神が今知っているならば、私は明日ワインを飲む」といった、「もし……なら、――である」という言表全体が必然的に真であるということにとどまる。したがって、もし前件（「神が私は明日ワインを飲むということを今知っている」）が真ならば、帰結（「私は明日ワインを飲む」）が真であることは必然的に導かれるのであるが、帰結が必然的に真であることは導かれないのである。

しかし、アベラールは、誤謬推理に気づく自分自身の能力を過信しすぎていた。彼の解答は予知の問題を解決しない。なぜなら、時間的な要素を（ボエティウスは自分なりの仕方で考慮していたのに）適切に考慮していないからである。一三世紀半ばになる前に、神学者たちは、予知の問題を厳密に論理的な方法で記述しはじめた。そのやり方は、時間的な要素を考慮していて、アベラールの偽の解決策に影響を受けていないものだった。彼らの考えにしたがうと、前件（「神は私が明日ワインを飲むことを今知っている」）がそれ自体で真であるだけではなく、必然的に真であることを示しさえすればよい。なぜならば、それ自体で必然的な命題から必然的に導かれるものは必然的に真である、ということを（現代の論理学者たちがふつう認めるように）彼らも認めていたからである。したがって、もし私が明日ワインを飲むことを神が知っていることが、偶然的に事実であるのではなく必然的に事実であるならば、私が明日ワインを飲むことが必然的であることが導かれるのであり、それゆえ私が飲酒を控える自由は妄想である、ということになる。そして、彼ら神学者たちが、前件がたしかに必然的であると考えるのに十分な理由が二つある。第一に、神は不変であり、したがって神は自分が知るあらゆることを常に変わることなく知っているからである。彼らの解釈によれば、このことは、神の知識が必然的であることを含意している。第二に、神は不変なので、私が明日ワインを飲むということは神がすでに知っている事柄であるからである。つまり、私が明日ワインを飲むことは過去に関する事実である。そして、過去に関する事実は、アリストテレス的な用語法では「必然的」である。

先述のようなかたちをとった予知の問題は非常な難題だった。アクィナスはその難しさをきわめて明白に認めていたが、ボエティウスの解答の路線に従った彼の解答は完全にその問題を解決しているとは言えない。ドゥンス・スコトゥスはむしろまったく異なる角度から問題に取り組むことを選んだ。ボエティウスとアクィナスはどちらも予知の問題を、この問題と関連した神の摂理といういっそう困難な問題から完全に切り離した。キリスト教徒(とユダヤ教徒、イスラーム教徒、およびプラトン主義者)は、神は人間がどのように行動するかを知っているだけではなく、人間のために摂理によって世界のあり方を決めていると信じている。中世のキリスト教徒の大半は、キリスト教の教義にしたがえば、私が明日ワインを飲むことを神は知っているだけではなく、私がそうすることは神が意志した神の摂理の一部である、と理解していた。それでもやはり、ワインを飲むことは私自身の自由な選択であろう。スコトゥスは、このいっそう困難な、神の摂理の問題に対する解答に続けるかたちで、予知の問題に対する答えを提示した。

神は生じる物事すべての究極の原因であるから、宇宙に偶然が存在するのは、神自身が必然的にではなく偶然的に意志する場合に限られる、とスコトゥスは論じた。しかし、アリストテレス的な必然性の概念にしたがえば、神が偶然的に意志することは不可能になる。アリストテレス的な必然性の概念によれば、意志が必然的でないためには、ある瞬間から別の瞬間までに少なくとも一回は変化することができなければならない。この瞬間が私が存在する唯一の瞬間だと想定してみよう。すると、私が今この瞬間に望んでいることを変えることができるものは何ひとつなく(アリストテレス的な「現在の必然性」)、私の存在はこの瞬間を越えて存続しないと想定しているので、私が今望んでいることが何であれ、私はそれを必然的に望んでいることになる。ところが、神はまさしくこうした状態にある、とスコトゥスや当時の人は考えていた。彼らの多くは(アクィナスとは違って)、神は時間を超越した瞬間に存在している、と考えていた。いずれにせよ、神は不変であり、それゆえ神の存在が無限に多数の瞬間に及ぶとしても、神の意志がある瞬間から別の瞬間までに変化することはありえない、ということは皆が認めるところだった。

したがってスコトゥスは、今日の多くの哲学者が支持しているような論理的可能性・必然性の概念により近い見解を好んで、アリストテレス的な必然性の概念と決別した。「現在」はもはや必然的であるとは考えられていない。というのも、私が今ワインを飲みたがっているという事実を変えることができるものは何ひとつとしてないが、共時的に可能な別の事態によれば、私が今ワインを飲みたがってはいないということはあるかもしれないからである。〔アリストテレス的な偶然性の概念に見られるように〕私は私の意志を変えることで、私が為すこと以外のことを意志する能力〔第一の能力〕を明白にもっているだけではなく、より明白ではないが、私が今実際に意志していることとは正反対のことをまさに今この瞬間に意志する能力〔第二の能力〕ももっている、とスコトゥスは主張する。不変にして一瞬のうちに存在する神は〔第一の能力はもっていないが〕第二の能力はもっているので、神の意志は偶然的なのである。

実にスコトゥスは二つの「自然の瞬間」、すなわち非時間的で論理的な二つの段階を区別しているのである。第一の瞬間に神は世界にとって可能なすべてのあり方を知る。第二の瞬間に神は無限にある可能な歴史のなかから、ただ一つの完結した歴史を選んで、その歴史が現実の歴史であるべきだと望む。神はどの歴史を自らの意志が選びとったのかを知ることで未来を予知している。しかし、スコトゥスの様相概念の革新と「自然の瞬間」を受け入れたとしても——例えばオッカムであれば受け入れなかっただろう★1——、神によって自由に選びとられた、この完結した世界の歴史のなかでは、両立論者の前提のもとでしか人間の自由は存在しないであろう。

ゲルソニデス以前

キリスト教神学者は、神の知識は個々のモノや出来事に及ぶこと、そして神の知識は完結しているので未来の偶然的な出来事にも及ぶことを、キリスト教の教義として積極的に支持していた。対照的にアラビア哲学の伝統やユダヤ哲学者の間には、神が個物の直接知をもつこと、したがって未来だけでなく過去や現在の偶然的な出来事について神が直接知をもつことを否定する余地があった。アヴィセンナは、神は個物を普遍的な仕方でのみ知っていると主張している。神は自分自身と普遍と自分自身が原因で生じる万物の原理を知ることによって個物を知る、というのである。アヴェロエスも、他の物事に関する神の知識はそれらの物事の原因としての神自身についての知であると考えているが、神が知るのは個的な仕方か普遍的な仕方のいずれかによってである、ということは否定する。アヴェロエスに言わせれば、神の知識は私たちのものとはまったく異なるのである。

マイモニデスは、神が未来の偶然的な出来事を含む個物や出来事のすべてについて制限なく知っているということはユダヤ教の教えにとって本質的であると考えている。そして、そのように神に予知される出来事がなお偶然的であることがいかにして可能か、という問題に十分に気づいている。しかしマイモニデスは、ラテン哲学の伝統にあった論理的議論とはかなり違う方法でこの難問に取り組んでいる。マイモニデスがとった方法はむしろアヴェロエスがとった方法に似ている。しかし、マイモニデスがその方法を用いて正当化しようとした立場はアヴェロエスの立場とまったく異なっている。

マイモニデスは、彼の思想の核を成している考えの一つに向かった。新プラトン主義、キリスト教、ユダヤ教、そしてアラビアの思想家は否定神学を発展させてきた。否定神学とは、人間の言語は神について語るためには不十分であって、神が何であるかを語るよりも神が何でないかを語るほうがより精確な神の記述である、とする見解である。マイモニデスはこの否定神学の非常に厳格な解釈(それはアクィナスをはじめとするキリスト教思想家たちに影響を与えたが、彼らによってより穏健なものとなった)を示した。マイモニデスによると、私たちは神について語るとき人間の言語を多義的に用いている(bank《バンク》という単語が「ハイストリートの銀行《バンク》」や「テムズ川の土手《バンク》」で多義的に用いられているように)。したがって私たちが「神は未来の偶然的な出来事について知っている」と言うとき、私たちはこの文中の「知っている」と「ジョンは雨が降っていると知っている」や「ジョンは2+2=4であることを知っている」といった文中の同じ単語との言葉上の類似性に騙されるべきではない。なぜなら「知っている」という単語が多義的に用いられているからだ。マイモニデスによると、私たちは、製作者が自分が製作するものに関してもつ特別な把捉について考えることで、神にとって何かを知ることはどういうことなのかをわずかに理解することはできるが、まったくもってその十分な理解に到ることはない。かくして予知の問題に対するマイモニデスの答えは、神は未来の偶然的な出来事を知っているが、私たちは神がどのように知っているかを知らないし知ることもできない、というものである。

マイモニデスに対するゲルソニデス

ゲルソニデスはアヴェロエスの見解を知っていたが、アリストテレスの正しい解釈はアヴィセンナの見解に近いと考えていた。しかしゲルソニデスはマイモニデスにもっと関心があった。じっさい、ゲルソニデスが哲学的傑作である『主の闘い』を書いたのは、マイモニデスの『迷える者の手引き』で十分に扱われなかったと彼が考えたトピックに取り組むためであった。ゲルソニデスは、神の予知の問題に対するマイモニデスの回答を、その回答が基盤としている否定神学を否定することで退けている。

もし神について用いられる言葉が、マイモニデスのいう厳密な意味で本当に多義的であるならば、神に関するあらゆる肯定・否定は等しく妥当なものである。したがって、例えば、「神は物体である」を完全に認めることができるだろう。なぜなら、私たちが知らない「物体」の意味は、「物体」の通常の意味とまったく関係ないからである。さらに、純粋な多義性を主張するマイモニデスの理論に基づくと、否定神学の核となる戦略をとることはできなくなる、とゲルソニデスは指摘する。否定神学は、神以外の事物に関して私たちが用いる述語をとりあげて、それらの述語は神にはあてはまらない、という。しかし、そうした言葉が神に適用されるときは、他の仕方で〔つまり普通に、被造物について〕用いられるときとはまったく違った意味をもつならば、それらの言葉が神にあてはまらない、というに足るどんな根拠がありうるだろうか?

予知の問題に対するゲルソニデス自身の解決策

ゲルソニデスは、予知の問題を避けるというマイモニデスの方法を却下している。ゲルソニデスは〔ラテン哲学の伝統に属する思想家の大多数とは対照的に〕、どうして出来事は予知されながらも偶然的でありうるのかということに関して、哲学的な説明はありえないとする点でマイモニデスと一致している。ゲルソニデスは予知の問題を、個物に関する神の知識という、より幅広い文脈のなかで考察することで解決する。神の予知だけでなく神の不変性の問題——いかにして神は自身が変化することなく変化する事物を知ることができるのか――を念頭において、神は或る面では個物を知っているが別の面では知らない、とゲルソニデスは結論づける。神は個物を個物として知らないが、「個物が〔神の命令によって〕秩序づけられ決定されている限りにおいては」たしかに個物を知っているのである。

この区別〔「個物として知る」と「秩序づけられ決定されている限りにおいて知る」との区別〕の意味は、ゲルソニデスの摂理論を通して明らかになる。成熟期の著作におけるアヴェロエスとは違って、ゲルソニデスは、第一原因たる神から月下の世界に形相を伝える能動知性に至るまでのアヴィセンナ的流出論を全面的に受け入れた。こうした流出論にしたがえば、月下の世界での物事の生じ方に関する大まかなパターンは神の命令の一部である。しかし人間に関しては〔そして人間に関してだけは――というのも、ゲルソニデスによれば、一羽の雀の落下に関しては摂理はない――〕、神の摂理による秩序づけはそれ以上に及ぶとゲルソニデスは考えていた。天文学者として有名だったゲルソニデスは星辰決定論を受け入れていた。星の配置を通して、神は、摂理によって人間が関与する事態を大枠だけではなく、子細な部分に至るまで制御している。つまり、人間が関与する事態は、大まかなパターンだけではなく、詳細〔例えば、今日私が何をどれくらい食べるかといったようなこと〕に至るまで秩序づけられ、決定されているのである。したがって、神は、人間や人間の行為に関わる個々の出来事を知ることができるが、それらの出来事を個々の出来事としてではなく、自分の摂理による命令の一部として知っているのである。

ここまでの説明からすると、私たちの行為は星によって決定されることになるので、人間の自由を犠牲にするという唯一の代償はあるが、ゲルソニデスは神の予知を説明できるかもしれない、と思われるだろう。しかし実はゲルソニデスは星辰決定論に重要な例外を設けている。人間は知性を用いることで、星が決定するのに反した仕方で行為することができる。星が決定したように、私はアルコール中毒であり、私はワインを飲むことで有意義な生活をおくる私の能力を害していると想定してみよう。こうした場合に、星は、私が明日ワインを飲むと決定するが、ゲルソニデスによれば、「私は明日アルコールを摂取しないほうがよい」と推論し、続けて「明日ワインを飲むべきではない」と推論することは、それでもなお私の能力のうちにあるのである。神は、私が他の人間と同じように、こうした推論能力をもっていることを知っているが、私がその能力を行使するかどうかは知らない。

したがって、自らの創造物に対する神の知識は三つの点で制限されている。一つ目は、神は人間的ではない行動〔つまり理性の支配が及ばない、選択不可能な行動〕に関しては、それを支配する大まかな法則しか知らないという点である。二つ目は、神は人間的な行動〔つまり理性の支配が及ぶ、選択可能な行動〕を引き起こす因果律の詳細を知ることによって、星が制御する人間的行動を詳細に知っているが、人間は自由に選択する能力をもっているので、いかなる出来事も因果律によって定められたようには起こらないかもしれない、という但し書きが神の知識には含まれているという点である。三つ目は、人間的な行動に関して、神は、二つの矛盾する結果のうち実際にどちらが生じるのかは知らないという点である。例えば、そのアルコール中毒者がワインへの強い欲求に打ち勝って、明日ワインを飲まないかどうか、といったことを神は知らない。そして、変わることのない知識をもつ神は、そうした特定の偶然的な行為について知るようになることとすらないように思われる。

「神はかくして完全ではない」という示唆に対して、ゲルソニデスは、「厳密な意味では、物事はその理由が把握されている場合に限って知られている」と答えることができる。じっさい神は、そのアルコール中毒者が飲酒を控える理由を把握している。――そのアルコール中毒者が飲酒を控えるのは、自らの性向に反して、真の善と幸福の理解にかなった行動をしているからである。しかし神は、明日ワインを控えるという、そのアルコール中毒者の特定の行為は知らない。というのは、そうした個々の物事そのものは厳密な意味では知識の対象ではないからである。けれども、人間は、神の摂理、さらには神の意識の外で神から与えられた自由を行使する、というゲルソニデスの大胆な考えは（彼の同時代人や後継者によってあまねく拒絶されたが）弁明する必要はないかもしれない。

9　社会と最善の生——イブン・トゥファイルとダンテ

異論のあるところではあろうが、倫理学における根本的な問いは次のように集約することができる。——最善の生、すなわち人を人間として花開かせるという意味で幸福にするような生とはどういうものか？　この問いは、それと関連しているが、より政治的な問いを生じさせる。——こうした人間として最善の生をおくる個人と人間社会との関係はどういうものか？〔この問いをさらに分析すると〕一方では、個人が善く生きていくためには社会にどの程度のことが要求されるのかが問われる。他方では、最善の生をおくることができる人は、社会のなかで果たすべき特別な役割をもっているのかが問われる。

一二世紀前半のイスラーム統治下のスペインに生きたイブン・トゥファイルと、その二〇〇年後のイタリアに生きたダンテは、上述の問いに対して、それぞれ最も中世的と言えるような回答をした。本章で明らかになるように、どちらも、それぞれ別の昔の書物と対話するなかで自分の見解を発展させていった。しかし、ダンテがイブン・トゥファイルを読んでいないことは確実であるにもかかわらず、この二人は、両者を同じ「知的会話」の一部にするような重要な「思想の糸」でつながっている。この「糸」とは、すでに第7章で探求した、知性認識と知性認識における能動知性の役割に関する思想を指す。アラビア哲学では、最善の生というテーマは倫理的かつ政治的な方向性をほぼ最初から与えられていた。ラテン世界では、倫理的な面はすぐに認識されたが、政治的なかたちをとったのはダンテがはじめてだった。

上述の「会話」はアリストテレス的なものだが、プラトン的な基盤、つまりプラトンの『国家』と『法律』に基づいて、プロティノスやイアンブリコスやプロクロスといった古代末期の思想家が展開した政治思想の上に成立している。ファーラービーより三世紀以上前に、偽ディオニュシオスというギリシア・キリスト教の思想家(第2章を参照)がすでに古代末期の政治思想を自らの思想に取り入れていた。偽ディオニュシオスの教会の階級構造のなかでは、司教はプラトンでいう(国家の)守護者に対応する役割を与えられていて、教導者(司祭と輔祭)と教導者の下にある信徒の階級は、プラトン的な政治思想の体系にしたがって秩序づけられていた。ゲミストス・プレトン(一三六〇頃—一四五二/五四)は、ビザンツ帝国のちょうど最晩期(およびその後)に古代末期のプラトン的な政治理論へと立ち戻り、先駆者(偽ディオニュシオス)が非常に慎重にキリスト教のうちに取り込んだものを非キリスト教化していった。

イブン・トゥファイルの先駆者——ファーラービーとイブン・バーッジャ

アリストテレスは『ニコマコス倫理学』の最終巻で、人間にとって最善の生、つまり幸福をもたらす人生とは知的観想に捧げられた人生である、と論じている。つまり、哲学者がおくるような、知性を用いて変わることなき物事の規則性について考えたり議論したりすることに専念する人生が最善の生である、というのである。ファーラービーは『ニコマコス倫理学』についての註解（現在は失われた）を書いたが、幸福についてのこうしたアリストテレスの考えは彼に深い影響を与えた。ファーラービーはその考えを自分の知性論と結びつけた（第7章を参照）。哲学者が十分な知識を備えた状態に達した時、その哲学者の知性は、天上の知性体のなかで最下位にある能動知性と結びついている。またファーラービーはプラトンの『国家』と『法律』の概要を読むことによって得られた知見に基づいて、こうした知性論に政治的な方向性を与えている。ファーラービーがみるに、人間には一人では手に入れることができないものが数多く存在する。社会生活は、生計を立てるためにも、充実した生活をおくるためにも必要である。人々は有徳都市に属しているときに善き生をおくる、とファーラービーは主張した。有徳都市には統治者がいて、その統治者の知性は能動知性との結合の状態に達している。ファーラービーはその統治者を「哲学者」「王」あるいは「イマーム」と呼んでいる。このような統治者は、プラトンの理想国家《リパブリック》でイデアの知識にしたがって統治を行うアリストテレス主義版の「守護者」である。

　しかしファーラービーの説明では、有徳都市の住民の大半がおくる有徳な生活は、最高に幸福な知性観想の生ではない。最高に幸福な観想の生はごく少数の傑出した能力の持ち主だけに達成可能なものである。大半の市民は、ただ統治者によって決定された通りに、都市の生活のなかで自分の役割を果たすことによって善き生をおくる。彼らは自分の知性を用いて宇宙に関する科学的真理を十分に理解することはできないが、世界の様々な宗教に見られるような隠喩的な表現を通して間接的に科学的真理を理解することはできる。イスラーム教は優れた隠喩的説明を与えるが、その隠喩的説明が説明の対象としているのは、論証できる人だけが十分に把握するような真理である、とファーラービーは考え、こうした考えを彼の論理学についての説明のなかで展開している(第4章も参照)。大半の市民の理解力のレベルを考えると、統治者には知能の高さだけではなく、説得力や想像力に富んだ仕方で真理について表現する力や、政治に従事して自分の計画を実現するための実践的な知性も必要なのである。

ファーラービーは、真の哲学者なら自分の能力の限界内で他人を指導しようと望む、と考えた。プラトンに着想を得て、ファーラービーは様々なタイプの不完全国家を詳しく論じている。しかし、哲学者であることを望む有徳な人物が不完全国家でどのようにふるまうべきかについては考えていない(誰でも、たとえその人に従うような人が一人もいなくても、哲学者・王・イマームになることができる、とファーラービーは本当に信じているが)。ファーラービーは、彼が「雑草」と呼ぶ人々——有徳都市の中で生きているが悪徳の傾向性に従うような人々——により関心を寄せている。

『孤独者の経綸』のなかでイブン・バーッジャは、「雑草」という言葉は、一般的な意味で使われたとき、正しい意見であろうとなかろうと、自分が属する共同体と異なる意見をもつ人を指す、と主張することでファーラービーと自分の立場の違いを特徴づけている。「雑草」は、完全な有徳都市では、ファーラービーが言うように、悪しき人であるに違いない。しかしそうだとすると、その都市は完全に有徳とは言えないだろう。したがって、イブン・バーッジャは、「雑草」は、有徳でないタイプの都市の中で真なる信念をもつことで自分が属する共同体と意見を異にする人である、としたのである。

バーッジャは、こうした意味での「雑草」を書物の題名にある「孤独者」と同一視している。しかし彼は、「孤独者(ムタワッヒド)」という単語で、文字通り孤立している人ではなく、むしろ考えや行動を異にする人々のなかにあって、自分自身の見解や目標を保持するような、自律的な人物を指しているのである。イブン・バーッジャは共同体の中での生活が必要だと認めている。しかし、悪い共同体の中にあっても人はいかにして善く生きることができるのか、という問題に焦点を当てているのである(そして、こうした「雑草」のおかげで完全都市が実現する希望がある、とすら言う。しかし、その希望について長くは語っていない)。

イブン・トゥファイル

「ムタワッヒド(孤独者)」が努力して目指す目標とは能動知性との結合であった。『ヤクザーンの子ハイイの物語』の序文で、イブン・トゥファイルはイブン・バーッジャを、より触覚的な把握である「味わうこと」よりも、純粋に知的に実在を把捉することを目標とした点で批判している。「味わうこと」は、より霊的で神秘的な途をとる人々が追求するものである。(「味わうこと」といった)言葉の選び方から分かるように、トゥファイルの頭には、彼自身が精通していたスーフィズム――禁欲的で神秘主義的なイスラーム教の形態――がある。それにもかかわらず、イブン・トゥファイルは自らをガザーリーの伝統上に位置づけるだけではなく、〔ファルサファの代表的な論者である〕アヴィセンナの神秘主義的な側面を〔過度に〕強調しつつ、アヴィセンナ自身の伝統上にも自らを位置づけている。ちなみにガザーリーは、カラームに加えてスーフィズムを奉じた人物であり、アヴィセンナ哲学を批判したにもかかわらず、アヴィセンナ哲学も積極的に受容した人物である。

序文に続くのは論文ではなく哲学的な物語である。ハイイは他に人間が住んでいない島でシカ〔雌カモシカ〕に乳を与えられて育った。ハイイはその島で自然発生したか、モーセのごとく、海のなすがままにまかせた揺り籠に入ってその島にたどり着いた。物語の大部分を占めるのはハイイの独学に関するものである。ハイイは最初に自分の周囲の世界について学び、イブン・トゥファイルの時代の人なら科学的な自然学、生物学、宇宙論として認識したような物事を自分で発見した。こうした自然界の知識から、ハイイはその創造主——アヴィセンナの神、つまり全き一であり、それ自体で必然的であり、他のすべてのものの原因——を理解し、また自分自身の不死なる魂を理解するに至った。このように神について知的に理解すると、ハイイは神を直視することを望むようになった。そしてついには神を直視することに成功し、神の直視を反復し、自在に引き延ばすことができるようになった。神を直視するとき、ハイイの自我は完全に失われるのであった。

ハイイが島で唯一の人間であるからといって、ここまで紹介したハイイについての物語に倫理的ないしは政治的なメッセージが込められていない、と結論づけるのは間違いだろう。人間についてのアリストテレスの思想は、人間は社会的動物であり、人間として花開くためには共同体の中で生きていかなければならない、という考えに基づいている。知的観想に没頭する人物でさえも、生きるために必要なもののために、他の人間の助けを必要とする。ファーラービー、そしてバーッジャですら、こうした人間観にしたがっていた。イブン・トゥファイルの思考実験は、人は他人との交流を一切もつことなく、もったことすらなくとも、人間にとって可能な最善の生をおくることが原則として可能であることを示すことによって、こうしたアリストテレス的な人間観を上手く拒絶しているのである。

しかしハイイは、その他のものから完全に遮断された生活をおくっているようには描かれていない。神秘的に神を直視するときには、神を除くすべて〔自分自身も含む〕を放棄しているが、哲学的知識をもってから神の直視に到るまでの間、ハイイは長期にわたって、人間以外のあらゆる種類の動物やモノとふれあいながら生活し、それらのものに対して倫理的態度をとっている。ハイイは、星々の動き〔天体の回転運動〕や星々の純粋さを模倣している。例えば、飢えていたり傷ついたりしている動物を助け、日光から遮られていた植物を〔邪魔なものを取り除くことで〕助けたりもしている。さらに、植物の成長と繁殖の周期をできるだけ妨げないように、落ちた果物を食べている。アリストテレスやファーラービーと同様に、イブン・トゥファイルにとって、人を幸福にする有徳な生活は、他者に向けた行動を伴うものだが、「他者」が指示する範囲は、アリストテレスやファーラービーよりもイブン・トゥファイルの方がはるかに広い。というのも、トゥファイルの「他者」は、仲間の市民や他の人間だけでなく、植物から天体まで、被造的な宇宙のすべてを指すからである。

ハイイは孤独なままではなかった。或る宗教が導入されて広まった隣島があった。その宗教は「古《いにしえ》の預言者の一人」に遡るもので、「あらゆる真の実在を、それらのイメージを与え、それらの印象を〔人々の〕心に刻みこむ隠喩〔象徴〕によって表現していた」。〔この島に住む若者の一人〕アブサールはこの宗教に帰依している（イブン・トゥファイルは注意深くこの宗教を特定しないようにしているが、あらゆる点において言うまでもなくイスラーム教に類似している）。アブサールは常に、言葉の文字通りの意味の下にあるものを見抜き、理解を深めようと努めていた。そして、孤独のうちに神を求めるためにハイイの島に行った。二人の男は出会い、ハイイが話すことを教わって、神と宇宙に関して自分が知っていることを説明したとき、アブサールは、自分の宗教が説いてきたすべてのことはハイイが把握している真理の隠喩にすぎないことを即座に悟った。ハイイはというと、アブサールに賛同して、この宗教が神に由来することと神の預言者によって説かれたということを受け入れた。

しかし、島民たちが正しい宗教を信奉しているにもかかわらず世俗的であることをアブサールから聞いて、ハイイは驚いた。ハイイはその隣島に赴いて島民たちに真理をありのままに教えることに決めたが、彼らの宗教の文字通りの意味を超えるやいなや、島民たちはハイイの言っていることについていけなくなることが分かった。ハイイは自分が誤ちを犯したことを悟った。彼は、島民たちの知的能力の欠如と物質的なモノへの執着を考慮していなかったのである。ハイイは、島民たちが宗教の文字通りの意味と宗教の実践にこだわるのは正しいと言い、より深遠な意味を探求しないように島民たちに伝えた。彼とアブサールは彼らの島に戻って、それぞれが孤独な観想生活をおくった。

真理をありのままに普通の人々に教えるというハイイの考えは、ファーラービーの見解と逆行する。しかし、ファーラービーにしたがってハイイがすべきだったことをできなかったとして、イブン・トゥファイルがハイイを暗黙のうちに批判しているとみるのは間違っているだろう。――ファーラービーにしたがえば、ハイイは自分の知識にしたがった統治を行い、自分自身の想像力によって作り上げた隠喩のなかで真理を示すことで、自分自身を哲人王にすべきであった。トゥファイルは、真理を示すあらゆる隠喩がそうでありうるように、伝統的な宗教はアブサールの島の住民の役に立つことを示唆しているのである。さらに、ハイイの目標がもつ神秘的・スーフィー的傾向性からして、ハイイがファーラービーの哲人王のごとく、善き統治に関連した知識をもつことはまったくありそうにない。なぜなら、ハイイが求める神的なものとの合一は、心を完全に空にすることを伴うからである。ハイイが神以外のものと関係をもつ限り、その関係は生物と宇宙の階層からなる広い世界と共にある。大衆は単なる〔野獣とは〕別種の非理性的動物としてその世界のなかにおさまり、〔意図的にいくらか曖昧に書かれているものの〕死ぬときに消滅するべく定められているようにみえる。

アウグスティヌスとパドヴァのマルシリウス

『神の国』でアウグスティヌスは、先ほど論じたイブン・トゥファイルを含むアラビア哲学者の誰よりもはるかに根本的に古代の政治思想と断絶した。この作品の当初の目的は、ローマ帝国が次第にキリスト教帝国になるにつれて、世俗の権力のもとで神に気に入られた「神の地上の帝国」として発展しつつある、という見方を非難することだった。しかしアウグスティヌスはさらに、世界のどの都市についても、哲学者によって統治されるプラトンの理想国家がそうであるとされたような「正義によって統治される共同体」という理想に近づきうる、という考えを否定したのである。

アウグスティヌスは、人類は二つのグループに分けられると考えた。それは何かすぐに分かるような外見上の特徴による区別ではない。社会的地位、知性や教育による区別ではないし、目に見えるかたちでキリスト教共同体の一員であるということによる区別ですらない。救済を予定されている人々は神の国に属しているが、お互いにそのことを知ることはなく、地の国に属していて地獄へと向かっている他の人たちと入り混じって人生を旅しなければならない。古《いにしえ》の人々がいう賢人哲学者のような個人にあっても、有徳都市の住人にあっても、地上でおくることができるような幸福な生はない。アウグスティヌスは、社会という政治的組織に一定の役割を与えたが、それは〔古代の政治思想に比べて〕より控えめなものだった。統治者は平和を目指すべきであるが、その平和とは、すべてのものが望むものであり、かつ神の国の成員が「享受する」ことになる天国での至福へと向かう巡礼の旅の道中で〔隣人愛・神への愛の実践のために〕「用いる」ことができるものなのである。★1

アウグスティヌスの著作は学校の教科書や大学のカリキュラムになることはなかったが、ラテン哲学の伝統にある思想のあらゆる面に対してアウグスティヌスが与えた影響は計り知れない。政治哲学においては、何人かの中世の著作家は神の国と教会を同一視する誘惑にあらがえなかった。アウグスティヌスの真の意図は、一見したところではアウグスティヌスから非常に遠く隔たっているようにみえる思想家たちによって理解された。そのうちの一人がパドヴァのマルシリウス(一三四二没)である。マルシリウスは、パリ大学の学芸学部教師だった。彼の友人でアヴェロエス主義者だったジャンダンのヨハネスと同じく、教皇と対立して皇帝側につき、(ジャンダンのヨハネス、ウィリアム・オッカムや他の哲学者と共に)皇帝バイエルン公ルートヴィッヒ(四世)の側近として生涯を終えた。

マルシリウスの『平和の擁護者』(一三二四年)の大部分は、世俗的な政治権力に対する教皇の要求を非難することに割かれているが、この著作には理論的な側面もある。ラテン語圏の大学ではよく研究されていたがイスラーム世界では入手不可能だったアリストテレスの『政治学』に倣って、マルシリウスは都市を構成するのに必要な様々な身分の人々(農民、兵士、技能者)を設定した。彼は司祭と司祭の宗教的機能をアリストテレス的に扱っている。司祭の目的は都市の世俗的な善に貢献することである。しかしマルシリウスは、異教徒の神に関する見解は誤っていると付け加え、哲学では扱うことができないと彼が信じる「天上の幸福」を「地上の幸福」から区別している。

マルシリウスの論述の進め方は、それより五〇年前に、ブラバンのシゲルスとダキアのボエティウスとともに始まった、学芸学部教師が設けた明確な区別に照らして理解できる。学芸学部教師はしばしば二つの領域を峻別していた。一つは、理性に開かれていて、アリストテレスの著作によって設定されるような学問の各分野が、その分野に特殊な原理にしたがって探求するような領域である。もう一つは、啓示によってのみ知られうるような真理の領域である。人間社会について合理的な考え方をとるアリストテレス的な政治学では、宗教の目的は都市の幸福を促進することにあり、宗教的主張は、一般的に信じられている限り、真であるか否かは問題ではない。ダキアのボエティウスによると、自然科学に従事する学芸学部教師は、世界に始まりがないと考えなければならないが、キリスト教徒としては世界に始まりがあったことを知っている。同様に、マルシリウスによると、政治学を論じる学芸学部教師は、キリスト教だけが救済につながる真の信仰であることを知っているにもかかわらず、上述のようなアリストテレス的な仕方で宗教を考えるべきなのである。

ただし政治学は実践的科学なので、自然科学の場合との違いはある。マルシリウスは、キリスト教が単なる道具的役割を果たしている彼の計画にしたがって都市が組織されることを望んでいる。その結果として生じるのは、プラトン的な理想都市ではなく安定と平和である、とマルシリウスは考えている。安定と平和は、人々が霊的な目的を追求するための最良の条件である。かくしてマルシリウスは霊的な目的があることを認めるが、それについて論じることは彼の仕事ではない。マルシリウスの出発点〔信仰と理性の分離〕と言葉〔アリストテレス・スコラ哲学的記述〕は、これ以上にアウグスティヌスのものと異なることがほとんどありえないようなものだが、マルシリウスの究極の政治的目標はアウグスティヌスとほとんど違わないのである。

ダンテ

ダンテは、マルシリウスと同時代を生きたが、より年上だった。出発点においてダンテとアウグスティヌスはきわめて対照的だが、人間の幸福と社会をめぐるダンテの思想も、マルシリウスよりも複雑な仕方ではあるが、アウグスティヌス主義が根底にあることを示している。ダンテの『帝政論』(一三一四年)の多くの特徴は、マルシリウスの『平和の擁護者』の先駆を成している。ダンテも、世俗権力に対する教皇の要求に激しく反対し、皇帝派を支持した。『帝政論』という論考を書いた理由の一つはおそらく、イタリアに統一をもたらし、神聖ローマ帝国を復活させようという、ルクセンブルク伯ハインリヒ七世の儚《はかな》い企てを支持するためであった。

マルシリウスよりいっそう明確に、ダンテは、自由学芸と神学との間の領域区分を政治的なかたちにした。摂理によって二つの目的が人間に定められているとダンテは主張する。一つは現世における幸福であり、もう一つは永遠の生における幸福である。地上における幸福は哲学の教えを通して、皇帝の導きの下に達成される。天国における幸福は、啓示された真理を通して、教皇の導きの下に達成される。

しかし、ダンテとマルシリウスには二つの重要な違いがある。一つは、ダンテが論じる政治的統一体の大きさである。古代政治思想の大半と中世政治思想の多くがそうであるように、マルシリウスが考察する政治的単位は都市国家である。中世の著作家のなかには王国について考察する者もいた。しかしダンテは、彼が論じる政治統一体である「復活した、真に普遍的なローマ帝国」が全人類を治めるべきである、と考えた点で特異であった。第二の違いは、この政治的統一体の機能の論じ方である。マルシリウスはアリストテレスにヒントを得て、都市国家を構成する様々な身分と各身分の役割を考察している。ダンテはマルシリウスよりもはるかに理論的である。

ダンテの倫理・政治理論の出発点は、最善の生を知的観想の生とするアリストテレスの見解にある。アラビア哲学の伝統では、初期の段階で、社会についてプラトン的な発想をもっていたファーラービーが、最善の生を知的観想の生とする見解に政治的傾向性を加えた。それに対して、一三世紀の〔ラテン語圏の〕大学の学芸学部教師は、最善の生である知的観想の生は個人的な熱望の対象だと考えていた。そして最善の生とされる知的観想の生は、実のところ、哲学者として彼ら学芸学部教師だけが達成できる立場にある、と考えていたのである。

ダンテ自身は学芸学部教師ではなかった。俗語詩によって青年時代にすでに名を馳せていたが、大学に行くことは一度もなかった。しかし、キケロやボエティウスを読んで哲学に興味を持つようになった。ダンテは広く学び、アクィナス、アルベルトゥス・マグヌス、学芸学部教師の思想を吸収し、彼らの思想に考察を加えた。『神曲』や『帝政論』より前に執筆された『饗宴』は、学芸学部教師に好まれるようなジャンルに属する作品で、哲学への献身がどうして最も幸福な生につながるのかを論じた論考である。しかし『饗宴』は、そうしたジャンルの作品のなかでは特異なものである。学芸学部教師は、私たちは最高善への自然本性的欲求を、哲学を通して〔天国ではなく〕この地上においてですら満たすことができる、と考えていた。ダンテの考えは違う。ダンテは、私たちの自然本性的欲求は私たちの能力の範囲内に制限されている、と考える。哲学によって、私たちは自然本性的欲求を満たすことができるが、私たちが天国でもつことを望む最高善たる神についての知識を哲学がもたらすことはない。

ダンテは『帝政論』で最善の生としての知的観想の社会的解釈を示している。人類全体の目標は何なのか、とダンテは問う。アヴェロエスのように、可能知性がすべての人間にとって一つだと考えて（この立場をダンテは誤りだと考えたが、純粋に理性的・哲学的議論の範囲内なら受け入れることができた）★2、ダンテは、人類全体の目標を、可能知性の能力全体を常に現実化することだとしている。

一見したところ、ダンテは、すべての人ができる限り知的観想に時間を費やすことを望んでいるかのようにみえる。それはあるいは素晴らしい理想と言えようが、実践可能とは言い難いし、妥当なものとすら言い難い。しかし『饗宴』がそうであったように、ダンテは、哲学に対する学芸学部教師の勝ち誇った態度を穏当なものにしたことが分かる。ダンテは、思弁知性から実践知性への「拡張」がありうるとした。したがって人類は、観想を通してだけではなく、あらゆる種類の有徳な活動を通して人類の目標に到達しうる。すると、大多数の人々にとっての理想的な生は、ダンテの世界帝国の中とファーラービーの完全都市の中で大きく異なるものではないかもしれない。けれども、ファーラービーの完全都市の住民が哲人王が制定する秩序に従っているだけであるのに対し、ダンテの世界市民は〔人類が共有する知性の現実化という〕一つの共同事業に従事しているのである。

ローマ帝国を賛美するダンテの態度にもかかわらず、個人的幸福および社会的幸福に関する見解においてダンテはアウグスティヌスに近い。ダンテが人類に対して打ち立てた目標は世界帝国の存在を要請するものであった。なぜなら、そのような政府を通してのみ、全人類の目標達成を可能にする平和がもたらされるであろうからである。そうすると、『神の国』と同様に、平和はより高い目標に至る可能性を開くための政治的な目標とされていることになる。たしかにアウグスティヌスとは対照的に、ダンテには平和より高い目標が二つあった。地上の生は単なる〔天国へ向かう〕巡礼の旅ではなく、哲学の教えを通して、地上の生の条件下で十分に理解され、適切に導かれるものでありうる。しかし最高善については、ダンテはアウグスティヌスに賛同するであろう。それは、この世界を超えたところに存在するものである。そして、人間ひとりひとりにとってのこの究極目的（およびその反対のもの）を描くことに、ダンテは彼の最も偉大な作品〔『神曲』〕を捧げたのである。

10　なぜ中世哲学か？

いったいなぜ中世哲学についてわざわざ知ろうとしなければならないのか？　この問いは重要だ。というのも、中世哲学について知る労をとっているのは、実際には極めて少数の人に限られているからである。（例えば哲学を職業としている人のように）中世以外の時代の哲学について知らないことを恥じるような人にあっても、こうした人はごくわずかである。本書を終える本章で、この問いに答えるのは簡単だと思われるかもしれない。今や、中世に書かれた、たくさんの優れた哲学があったことは明らかである。してみれば、中世以外の時代の優れた哲学について知るべき理由があるように、中世の哲学についても知るべき理由があるのではないか？

しかし、こうした答えに対しては明確な反論がある。たいていの哲学者は、過去の哲学について知ることを正当化するにあたって、今日の哲学の営みに対してなしうる貢献を主な規準としている。過去の哲学は今日の哲学に対して、今でも適用可能な議論や見解を提示することで貢献しうる。あるいは少なくとも、もっと幅広い仕方で現代の議論に寄与することで貢献しうる。こうした役割を果たすのに、中世哲学は、中世以外の時代の哲学よりもずっと不向きである。というのも、中世哲学が用いている概念や前提（とりわけ中世哲学が用いている科学理論）は、もっと最近の思想家が用いているものよりも、はるかに私たちが用いている概念や前提から隔たっているからである。また中世哲学は、今日の哲学よりも、いやそれどころか古代ギリシア哲学よりもずっと密接に啓示宗教との結びつきをもっているからである。そして、さらなる反論として次のような問いがある。現代の哲学者が、歴史的な研究を十分にすれば、中世哲学の文献のなかに自分自身の仕事にとって価値ある材料を見つけることができるとしても、他の時代の哲学から成果を得るのがずっと容易だというのに、なぜ中世哲学に取り組むという努力を払わなければならないのか？

　このような反論は、その反論の条件下では議論の余地がない。しかし、反論を支えている二つの根本的な前提の妥当性を疑うことで、こうした反論を退けることができるし、またそうすべきなのである。第一の前提は、なぜ哲学者は過去の哲学について知るべきなのかという問題に関わる。第二の前提は、誰が哲学の歴史に興味をもつべきなのかという問題に関わる。

　もし本当に過去の哲学の価値が現代の議論に対して直接貢献することにあるとすれば、過去のどの時代の哲学についてもわざわざ学ぶ価値はなかろう。現在行われている議論にとって重要な新しい議論を、古い文献のなかに発見することは極めて稀であるし、そうした新しい議論にたどり着くには、おそらく現代の問題について考える方がはるかに楽だろう。過去の哲学的探求は、今日における哲学的問題の論じ方に貢献していないというわけではない。その貢献は、現代の哲学的問題の標準《スタンダード》的な説明に採用され、吸収されて一体となっているのである。

哲学の歴史が現代哲学に対して為しうる本当の貢献は間接的なものである。哲学は歴史の偶然のなかで発展してきた営みである。したがって、哲学の過去を知ることは、そして哲学と他の営みとの関係がどのように変化してきたのか、より幅広く人間が置かれてきた困難な状況と哲学がどのように関わってきたのかについて知ることは、哲学がどんな種類の営みなのかをより深く理解するための唯一の方法である。そして、哲学がどんな種類の営みなのかという問いは哲学に内在する問いである。

しかしながら、哲学の歴史に関心を持つべきなのは哲学者に限られない。哲学の歴史についての少なくとも大まかな知識は、あらゆる人にとって世界を理解するために備えている必要があるものの一つである。そして哲学史を通じた世界の理解は、哲学者が現在行っている主張(それにはたいてい限界がある)よりも、哲学者が過去に行った主張によって進められる。

そうすると、哲学史の専門家自身以外に、哲学史には二種類の担い手がいることになる。それは、自分たちの営みの本性を理解しようとする哲学者たちと、世界とその過去について理解するために必要不可欠な要素を探し求める哲学者以外の人たちである。いずれの目的のためにも、哲学史を学ぶことは過去から財宝を略奪するための訓練であってはならない。むしろ、人間がかつて、そして時を越えて、実際にどう考えていたのかを可能な限り誠実に理解するための訓練でなければならない。したがって、哲学史のなかのどの重要な時代であっても、それを省いたり大きく歪曲したりすることはいずれの担い手にも損害を与える。しかし、中世哲学を割愛することは単に一つの重要な時代を割愛すること以上を意味する。それは、西洋哲学の大半、つまり約二五〇〇年間のうちの一五〇〇年間を占め、他のどの時代よりも哲学が知的生活の中心にあって、最も才知に富んだ人々によって養われていた時代の西洋哲学を省くことになるのである。

中世を省く、もしくは過小評価するとき、哲学史家が誠実に物語を語ることはない。大学での哲学史の標準的な授業は、あたかも〔中世という〕深淵を飛び越えるかのようにアリストテレスからデカルトへと進む。また、多くの教科書での標準的な〔哲学の〕歴史は、ごく狭い領域に焦点をあてた、貧弱な一章を中世にあてるにとどまっている。こうした標準的な中世哲学の扱いは、哲学がどのように発展してきたか、そして哲学が人類の歴史のなかでどのような役割を果たしてきたのかということについて、知識よりも無知を浸透させることになるだろう。

西洋哲学とその歴史にはとりわけ二つの誤解がある。中世哲学に関する僅かな知識がありさえすれば、それらの誤解は払拭されるだろう。一つ目〔は西洋哲学はヨーロッパ中心に発展してきた、という誤解である〕。西洋哲学について語られる歴史は、たいていヨーロッパ中心で〔ここ一五〇〇年のあいだにヨーロッパ外の英語圏へと拡大したが〕文化的に画一的である。その歴史は、通常、ヨーロッパ圏外で生活した人だけでなく、ユダヤ教の信仰を捨てた人を除けば、ヨーロッパ圏内で生活したユダヤ人も除外している。開かれた心をもって中世思想を探求し、その多種多様な展開と、それらの展開が相互にどのように関係してきたかをたどることによって、西洋哲学は統一的な伝統であるが、画一的な伝統ではないことが分かる。西洋哲学は文化的にも宗教的にも多様であり、異教、ユダヤ教、イスラーム教、そしてあらゆる形態のキリスト教と関係をもっている。インド・ヨーロッパ語と同じくらいセム語でも流暢に語られている。そして中央アジアの草原は、セーヌ河畔やアイシス河畔[★1]と同じように西洋哲学の故郷である。

二つ目〔は西洋哲学の歴史を宗教抜きで理解することができる、という誤解である〕。西洋哲学の歴史家は、とくにイスラーム教徒とユダヤ教徒を軽蔑してきたが、キリスト教を非常に好んでいたわけでもない。例外はあるが、哲学史家は、宗教を置き去りにして哲学を説明しようとしてきた。あるいは宗教を哲学の敵として位置づけてきた。中世哲学は、四つの伝統のすべてにおいて、宗教的な問題や宗教の実践と深い関連をもっている。そして、たしかに時に対立はあったが、哲学的な推論と啓示された信仰との関係は、「哲学と信仰との対立」という定式によっても、またどんな一つの定式によっても捉えきることはできないほど複雑であることは明白である。中世哲学をみると、哲学の歴史を宗教の歴史から切り離して理解することはできないことが分かる。それは、両者が切り離されえないということが、〔中世哲学が展開した〕一五〇〇年間にわたって真実であるからだけではない。中世哲学の姿は、中世以前も、そして中世以後も長い間、哲学と宗教がいかに絡みあってきたかを指し示しているからである。

訳注

第1章

★1　トマス・アクィナスが書いた『大全』には、『神学大全』と『対異教徒大全』の二つがある。図1では、『対異教徒大全』の冒頭箇所が書かれた頁が開かれている。

★2　実際の絵では踏みつけられてはいない。

★3　第3章で説明されるが、ヘブライ語のユダヤ哲学の伝統は一三世紀以降、アラビア語で書かれ、ヘブライ語に訳されたマイモニデスの『迷える者の手引き』を軸として展開された。

★4　P. Athanassiadi and M. Frede (eds.), *Pagan Monotheism in Late Antiquity* (Clarendon Press, 1999) は、一神教を奉じるキリスト教と多神教を奉じる異教という構図の誤りを指摘し、次のような見解を表明している。キリスト教は成功するためには一神教である必要があった。一神教は古代哲学に深い根をもっており、キリスト教は古代の一神教発展の一部と捉えられるべきである。至高神が特別な地位を占めている限りにおいては、ギリシア・ローマの神々への言及は必ずしも多神教を意味しない。

第2章

★1　具体的には「古代ギリシア哲学」にあったアリストテレス論理学・註解の伝統を指す。ボエティウスは「最後のローマ人、最初のスコラ学者」とも評される。

★2　プロクロスの複雑な形而上学的体系については、補図1と水地宗明・山口義久・堀江聡(編)『新プラトン主義を学ぶ人のために』(世界思想社、二〇一四年)第六章「プロクロス」を参照。

★3　高橋英海「ギリシアとイスラームをつないだシリア語話者たち」『世界哲学史3』(ちくま新書、二〇二〇年）一七四―一七五頁を参照。

★4　『知識の泉』と呼ばれる作品を指す。『知識の泉』の第三部はラテン語に訳されて『正統信仰論』として知られ、ラテン神学にも大きな影響を与えた（本書第5章の「大全と論考」の節を参照）。

★5　この作品とポティオス（フォティオス）についての簡潔な紹介として、中谷功治『ビザンツ帝国』（中公新書、二〇二〇年）一五六―一五九頁を参照。

★6　アプレイウスの『プラトンとその教説』やマクロビウスの『（キケロの）「スキピオの夢」註解』といった作品を指している。

★7　アンセルムスの「完全者の神学」についての詳細は、Brian Leftow, "Anselm's perfect-being theology," *The Cambridge Companion to Anselm*, ed. Brian Davies and Brian Leftow (Cambridge University Press, 2004), pp. 132–156を参照。

★8　この翻訳運動については、ディミトリ・グタス『ギリシア思想とアラビア文化――初期アッバース朝の翻訳運動』（山本啓二訳、勁草書房、二〇〇二年）に詳しい。

★9　例えば、フナイン・イブン・イスハーク（八〇九―八七三）やイスハーク・イブン・フナイン（九一〇没）父子がそうである。

★10　言葉、理性、議論などを意味するギリシア語の「ロゴス」のアラビア語訳（『岩波イスラーム辞典』岩波書店、二〇〇二年、二八九頁）。

★11　本訳書のほとんどの箇所で「科学」と訳出している science は、原著の多くの箇所でラテン語の scientia（ギリシア語の epistēmē）の訳語として用いられており、自然科学だけではなく「学問知」全般を指している。

★12　中世の宇宙観については、リンドバーグ『近代科学の源をたどる――先史時代から中世まで』（高橋憲一訳、朝倉書店、二〇一一年）の一一章「中世的宇宙」が参照されうる。

★13　原子と偶有からなる世界の諸現象はすべて神によって絶えず創造・消滅させられていると考えるので、行為者が自らの意志によって行為を引き起こすことは否定される。人間の行為は、神がその人間のために創造した能力によって、神が創造する行為を獲得しているにすぎないと考える。詳しくは「獲得理論」『岩波イスラーム辞典』二五二頁を参照。

★14 イスラームにおける内面を重視する思想・運動で、神秘主義的要素を強くもっている(『岩波イスラーム辞典』五三六―五三八頁)。

★15 先述のアンセルムスらの時代の哲学研究方法・内容を指す。

★16 ティエリないしはティエリに影響を受けた人物によって書かれた、幾つかのバージョンの『ボエティウス三位一体論註解』(*Commentaries on Boethius by Thierry of Chartres and his school*, ed. N. M. Häring, Pontifical Institute of Mediaeval Studies, Toronto, 1971 に所収)を指す。

★17 数に関する論理的かつ形而上学的な考察がなされている。例えば、一性はあらゆる他性に先立って存在する、一性はそれ自体へと多数化され、生まれる一性は(その一性を)生むもの(原因)に他ならないが、生むものとは別の一性である、といった主張がなされている。

★18 アヴェロエスの註解の手法については、『哲学の歴史3』(中央公論新社、二〇〇八年)三七九―三八〇頁に簡潔な解説がある。「要約」は「小註解」とも呼ばれる。最も簡潔な「小註解」と詳細な「大註解」の他に、パラフレーズ中心の形式をとる「中註解」がある。大註解の対象となった他の三つのアリストテレス著作は『分析論後書』『自然学』『天について』である。

★19 先述のガザーリーのアヴィセンナ批判の著作『哲学者の矛盾』に対する反駁の書である。

★20 ラビ・モーシェ・マイモン(Rabbi Moses ben Maimon)の頭文字をつなげた略称(ノーマン・ソロモン『1冊でわかる　ユダヤ教』山我哲雄訳、岩波書店、二〇〇三年、六三頁および六八頁)。

★21 「ミシュナ」はヘブライ語で「繰り返し語られた教え」を意味し、口伝で伝達されてきたユダヤ教の法規範を指す(市川裕『ユダヤ人とユダヤ教』岩波新書、二〇一九年、五八―六二頁)。

★22 スフラワルディーの「現前による知識」については、Peter Adamson, *Philosophy in the Islamic World: A Very Short Introduction* (Oxford University Press, 2015), pp. 93–95 を参照。

第3章

★1 フランスの中世史家ジャック・ル＝ゴフが提唱した「長い中世」の概念を念頭においていると思われる。ル＝ゴフの「長い中世」によれば、中世は二世紀ないしは三世紀に始まり一八世紀の半ばに終わる。ル＝ゴフの「長い中世」については『時代区分は本当に必要か?』(菅沼潤訳、藤原書店、二〇一六年)を参照。また、時代区分をめぐる歴史学の議論の現況については、『思想』(岩波書店、二〇二〇年一月)の特集「時代区分論」に詳しい。

★2 一度目の大規模な翻訳運動は、前章で紹介された、ギリシア語からアラビア語への翻訳運動を指す。

★3 前章で説明されたように、九世紀にエリウゲナによって翻訳された。一二世紀の翻訳はサラセンのヨハネスによる。

★4 アラビア語からラテン語に翻訳された主要な哲学書の一覧は、*The Cambridge History of Medieval Philosophy*, ed. R. Pasnau, volume 2, Cambridge University Press, 2010, pp. 814-822 にある。

★5 第2章訳注18を参照。

★6 「実体形相唯一説」をとると、人間がもつ唯一の形相である理性的魂を失った後(死後)の身体は、生前に誰のものであったかとは無関係な物体の塊にすぎないことになり、聖人の遺骸を敬うという聖遺物崇敬の説明が困難になる。また、死後のキリストの身体のステータスや、キリストの身体がパン(に見えるもの)に現存するとされる聖体の儀式の説明も困難になる。

★7 「数的一性より小さい一性」「このもの性」や形相的区別を指す(第6章の「ドゥンス・スコトゥス」の節を参照)。

★8 より高度な学問を学ぶための準備的な学問と位置づけられた自由学芸《リベラルアーツ》(論理学、修辞学、文法学、数学、幾何学、天文学、音楽)が名称の由来である。

★9 「存在するもの」に分類されるものを減らす、具体的には普遍の実在や実体と性質以外のカテゴリーの実在性を認めない立場をとったことを指している。

★10 詳しくは、Anthony Bonner, *The Art and Logic of Ramon Llull: A User's Guide*, Brill, 2007 を参照。

★11　孤独と静寂のうちに「イエスの祈り」と呼ばれる短い祈りを繰り返し唱えるもので、座法や呼吸法といった身体技法を伴うこともある（袴田玲「東方神学の系譜」『世界哲学史3』筑摩書房、二〇二〇年、四一頁）。身体技法の具体的な説明は、久松英二『祈りの心身技法――十四世紀ビザンツのアトス静寂主義』（京都大学学術出版会、二〇〇九年）の第四章に詳しい。

★12　第一のものは八世紀後半から一〇世紀前半にかけてのギリシア語からアラビア語への翻訳運動（第2章「アラビア哲学の始まり」の節を参照）、第二のものは一二世紀中盤から一三世紀中盤にかけてのギリシア・アラビア語からラテン語への翻訳運動（本章「ラテン語への翻訳と大学」の節を参照）である。

★13　すでに（第2章および本章で）言及されたように、バグダーディーはアヴィセンナを批判的に考察している。

★14　後に指摘される（第5章）ように、アラビア哲学では、神学の『大全』がカラームで長い伝統をもっていた。

★15　コペルニクスもトゥースィーが導入した天文学上の説明装置を受け継いでいたと考えられている（三村太郎『天文学の誕生――イスラーム文化の役割』岩波書店、二〇一〇年）。

★16　一三九一年にキリスト教徒の民衆を主体とした、スペイン全土を巻き込んだ大規模な反ユダヤ運動が発生し、虐殺やシナゴーグ破壊によって、主要都市のユダヤ教徒共同体は壊滅的な打撃を受けた（関哲行『スペインのユダヤ人』山川出版社、二〇〇三年、五三―五七頁）。スペインにおけるユダヤ人の歴史について、詳しくは、近藤仁之『スペイン・ユダヤ民族史』（刀水書房、二〇〇四年）を参照。

★17　著者は、トマス・アクィナスが生きた時代とその前後にあたる一三世紀初頭から一四世紀中盤までをスコラ学の「黄金期」とみるのは誤りであると指摘している。また、パリ大学で学んだビトリアに言及して、パリからスペインに移入したスコラ学の伝統の連続性を強調している。

第4章

★1　カーティビーの『シャムスッディーンの論理学』については、Tony Street, "Logic", *The Cambridge Compan-*

ion to Arabic Philosophy, ed. Peter Adamson and Richard C. Taylor, Cambridge University Press, 2005, pp. 254–256 に内容の一覧・紹介がある。

★2　一四世紀の原子論については、C. Grellard and A. Robert (eds.), *Atomism in Late Medieval Philosophy and Theology* (Brill, 2009) に詳しい。代表的な原子論者には、オートルクールのニコラウスやジョン・ウィクリフがいる。

★3　馬や人間といった実体、走行や白といった偶有性から構成される、ディープインパクト(競走馬)やソクラテスといったモノではなくて、「ディープインパクトが走る」「ソクラテスは色白だ」といったように、命題文で表される、モノによって生じる事柄・出来事を扱う形而上学。

★4　アンセルムスがその創始者とされる、神の「存在論的証明」と呼ばれるタイプの議論である。展開されている帰謬法の推論は次のようにまとめることができる(G＝それより大きいものが考えられないもの)。Gが思考の内にしか存在しないと仮定しよう。しかしGが現実に存在すると考えることはできる。その場合、思考の内にしか存在しないGよりも現実に存在するGの方が大きい。したがって、思考の内にしか存在しないGは、現実に存在するGよりも小さい。そうすると、思考の内にしか存在しないGは、Gではないことになる(現実に存在するGという、それより大きいものが考えられる)。したがって、Gは思考の内にだけ存在しているのではなく、現実に存在していなければならない。

★5　青柳かおる『イスラームの世界観――ガザーリーとラーズィー』(明石書店、二〇〇五年)第三章「神学から神秘主義への転換――ガザーリーの神名論」を参照。

第5章

★1　「謎めいたステパノス」を、アリストテレスの『命題論』の註解者である「ステパノス」と同一人物と考えてはならない。「謎めいたステパノス」は、ヘラクレイオス帝の時代に、新しく設立された教育機関の教師として、アレクサンドリアから招聘されたとされる人物である。また幾つかの写本では、占星術、天文学、錬金術、医学に関する作品の著者とされている。しかし、そうした人物や「新しく設立された教育機関」が実在したという確たる証拠はない。Mossman Roueché, "A Philosophical Portrait of Stephanus the Philosopher", *Aristotle Re-interpreted: New Findings on Seven Hundred Years of the Ancient Commentators*, ed. Richard Sorabji, Bloomsbury, 2020, pp. 541–563. とくに pp. 541–544 を参照。

★2　原文では izal と表記されているが、ijaza の誤記である。「イジャーザ」については、三村太郎「伝統と改良の狭間で――アヴィセンナ以後のギリシャの学問教授の展開」八―九頁(『中世における制度と知』和泉書館、二〇一六年に所収)に適切な紹介がある。

★3　第3章で言及された一四九二年のユダヤ人追放令と関連している。一四九二年のユダヤ人追放令については、関哲行『スペインのユダヤ人』六七―六八頁に簡潔な説明がある。

★4　学生の大学での修学課程については、マレンボン『後期中世の哲学』(勁草書房、一九八九年)二二―二五頁に説明があり、二三頁にわかりやすい表がある。

★5　原文では Master of Arts と記され、ラテン語では Magister artium と記される、現在の「修士号(M.A.)」の語源である。

★6　「講師(baccalaureus)」――現在の「学士号(Bachelor of Arts)」や「バカロレア」の語源にあたる――と呼ばれる。

★7　頓挫した弾劾の内容については、Hans Thijssen, "Condemnation of 1277", *The Stanford Encyclopedia of Philosophy* (Winter 2018 Edition), Edward N. Zalta (ed.), https://plato.stanford.edu/archives/win2018/entries/condemnation/ の Tempier's other 1277 condemnations の解説を参照。

★8　第2章訳注18を参照。

★9　ペトルス・クロッカート以降、アクィナスの『神学大全』を註解することで神学が教えられるようになった(第3章の「一二五〇―一六〇〇年の大学での哲学と神学」の節を参照)。

★10　アクィナスは『原因論』がプロクロスの『神学綱要』の抜粋であると気づき、『神学綱要』を参照しつつ『原因論』の註解書を書いた(前掲『新プラトン主義を学ぶ人のために』一二三頁)。

★11　「問題《クアエスティオ》」については、マレンボン『後期中世の哲学』九―一四頁、二九―三七頁で、もう少し詳しい解説がなされている。

★12　伝統的にとられてきた区分以外の区分を設けたことを指している。ロンバルドゥスは『命題集』を巻と章に分けたが、ヘールズのアレクサンデルが註解を書いた時、各巻を「区分」に分割し、各区分で一つの主題を扱った。

★13　『知識の泉』の第三部にあたる(第2章訳注4を参照)。

第6章

★1　ポルピュリオス『エイサゴーゲー』の冒頭で存在論的な身分が問われた五つのもの(類、種、差異、特性、偶有性)のうちの一つ。

★2　目下の説明では、xに「二つの馬性」が、Fに「数的に一つのもの」があてはまる。そして、(1)二つの馬性は異なるものである＝二つの馬性は数的に一つのものではない(xはFではない)と(2)二つの馬性は数的に一つのものである(xはFである)の双方を否定することになるようにみえる。

★3　「質料的本質実在論(Material Essence Realism)」は、邦語文献では「同一本質説」と紹介されていることが多い。

★4　「このもの性(haecceitas)」は、スコトゥスが造語した、ラテン語で「これ」を意味する女性代名詞haecを抽象名詞化したものである。

第7章

★1　知性体と天球を関係づけるような知性観(図8、一一七頁参照)を指していると思われる。人間の知性認識は、月下の世界(この世界)のモノを生み出す第十知性体である能動知性が原因で生じる。

★2　「知性体」とは、いわゆる「天使」であると理解されていた。

★3　原文ではもっぱら「活動知性(active intellect)」という名称が使われているが、日本語文献では「能動知性(agent intellect)」という名称が一般的なので、本書では「活動知性」とあるところを「能動知性」と訳出している。

★4　イスラーム哲学の流出論の概略については、中村廣治郎『イスラム教入門』(岩波新書、一九九八年)九三―九四頁や青柳かおる「イスラームのコスモロジー」『イスラーム哲学とキリスト教中世 Ⅲ 神秘哲学』(岩波書店、二〇一二年)の五三―五七頁を参照。

第8章

★1　オッカム『未来の偶然的な物事に関する神の予定と予知についての論考』第三問を参照。

第9章

★1　アウグスティヌスは、他のもののために「用いる」べきものと、他のもののためではなくそれ自体で「享受する」ものとをはっきりと区別している。アウグスティヌスの思想における「使用」と「享受」の区別とその重要性については、宮谷宣史『アウグスティヌス』(清水書院、二〇一三年)一三二―一三四頁や同『アウグスティヌス』(講談社学術文庫、二〇〇四年)二一六―二一七頁に簡潔で要をえた解説がある。

★2　知性単一説に対するダンテの態度をこのように解釈するのは少数派である(小林公訳『帝政論』中公文庫、二〇一八年、二一五―二三三頁を参照)。

第10章

★1　アイシス(Isis)川は、とくにオックスフォードで用いられるテムズ(Thames)川の別称で、テーム(Thame)川との合流地点よりも上流の部分を指す(V. Watts, *The Cambridge Dictionary of English Place-Names*, Cambridge University Press, 2007, p. 334)。

訳者解説

本書は、John Marenbon, *Medieval Philosophy: A Very Short Introduction*, Oxford University Press, 2016の全訳である。日本語訳の出版にあたって、著者自身から、最新の研究動向を踏まえた加筆（日本語版への序文）と読書案内の改訂を頂いている。また原著にはない補図と訳注、関連地図と日本の読者のための読書案内を加えた。

著者のジョン・マレンボンは、現在ケンブリッジ大学トリニティ・カレッジのシニアリサーチフェロー兼中世哲学の名誉教授であり、英国学士院会員にも選出されている、英国を代表する中世哲学研究者である。一九八〇年代に出版された中世哲学史の入門書二冊は邦訳もされており、中世哲学史に関心をもつ読者には既知のことと思われるが、著者の経歴と研究を簡単に紹介しておく。★

★ マレンボン自身が公開している履歴書（CV）で、より詳細な情報を得ることができる。https://cambridge.academia.edu/JohnMarenbon/CurriculumVitae

ジョン・マレンボンは一九五五年生まれ、ケンブリッジ大学で学び、同大学で学士・修士・博士号を取得している。ケンブリッジ大学では、中世ラテン文学・初期中世思想の碩学として名高いピーター・ドロンケの指導を受けている。以下に列挙している主要著作のうち最初のものが、ケンブリッジ大学での博士論文を基にした著作である。主要著作からも窺えるように、マレンボンが専門とするのは初期中世の哲学（なかでもアベラール）の哲学である。また、個別の思想家やトピックに関する著書や論文執筆と並行して、中世哲学史全般についての入門書を書いたり、編集したりしている。本書は、マレンボン自身が書いたものとしては三度目の中世哲学史入門書にあたる（『初期中世の哲学』と『後期中世の哲学』の二冊を一度目とカウントしている）。

主要著作（他の記載がないものは単著）

From the Circle of Alcuin to the School of Auxerre. Logic, Theology and Philosophy in the early Middle Ages, Cambridge University Press, 1981.

Early Medieval Philosophy (480-1150): an introduction, Routledge, 1983.
（『初期中世の哲学』中村治訳、勁草書房、一九九二年）

Later Medieval Philosophy (1150-1350): an introduction, Routledge, 1987.
（『後期中世の哲学』加藤雅人訳、勁草書房、一九八九年）

The Philosophy of Peter Abelard, Cambridge University Press, 1997.

The Routledge History of Philosophy, vol. III: *The Middle Ages*, Routledge, 1998.（編者）

Peter Abelard. 'Collationes' (*'Dialogue between a Christian, a Philosopher and a Jew'*), edition with translation, introduction and notes, Oxford University Press, 2001.（主に解説・英訳を担当）

Aristotelian Logic, Platonism, and the Context of Early Medieval Philosophy in the West, Aldershot, 2000.（学術誌や書籍の一部として出版された論文を集めた論文集）

Boethius, Oxford University Press, 2003.

Medieval Philosophy: an historical and philosophical Introduction, Routledge, 2007.

The Oxford Handbook of Medieval Philosophy, Oxford University Press, 2012.（編者）

Abelard in Four Dimensions. A twelfth-century philosopher in his context and ours, University of Notre Dame Press, 2013.

Pagans and Philosophers. The problem of paganism from Augustine to Leibniz, Princeton University Press, 2015.

本書の特色

本書の特色は、まず、時代的にも地理的にも広範囲にわたるものとして「中世哲学」を規定し、紹介していることであろう。マレンボンがいう「中世哲学」は、西暦二〇〇年頃から一七〇〇年頃にかけて、ヨーロッパ、北アフリカ、西・中央アジアをカバーする広大な地域で繰り広げられた、古代ギリシア哲学を起源とする「西洋哲学」である。マレンボンは、「中世哲学」には、三つの宗教（ユダヤ・キリスト・イスラーム教）と深い結びつきをもち、主に四つの言語（ギリシア・ラテン・アラビア・ヘブライ語）で展開された、四つの主要な伝統（「ラテン・キリスト教哲学」「ギリシア・キリスト教哲学」「アラビア哲学」「ユダヤ哲学」)があるとする。本書で描かれるのは、「中世哲学」に対してよく抱かれているようなイメージ——ヨーロッパで展開されたキリスト教に従属した思想——から大きく隔たった中世哲学の姿である。冒頭(第1章)で示唆されているように、「西洋哲学」である「中世哲学」の真の姿は、私たちに「西洋」と「東洋」という区別自体を考え直すように迫るものである。じっさい、本書で取り上げられている中世アラビア哲学や中世ユダヤ哲学の文献を扱った書籍は、我が国でも「東洋(思想)」のカテゴリーのもとに出版されてきたし、中世イスラーム思想の研究発表の場は「中世哲学会」よりも「日本オリエント学会」である。

さらに、(後ほど説明する)マレンボンが「歴史的分析」と呼ぶ、多角的な視点からの分析も本書の特色と言える。哲学的問題に着目する哲学者の視点だけではなく、政治や社会、制度に着目する中世史家の視点や、註解や問題形式といった文学形式に着目するラテン文学者の視点も本書は備えている。

こうした幅広い視野のもとに書かれた本書は、キリスト教哲学だけではなくユダヤ哲学やイスラーム哲学も知りたい、中世哲学の歴史的背景も知りたいし、現代哲学との関係も知りたい、という欲張りな願望に応えてくれる一冊となっている。また本書の随所に、最新の研究状況を踏まえた情報がちりばめられており、中世哲学研究の最前線を知りたいという欲求も満たしてくれる。各分野の専門家からは、その分野の紹介が十分ではないとの不満の声もあるだろう。また、個々のテクストの解釈には異論の余地があるだろう。しかし、中世哲学への招待の書として本書は最適の一冊であると思われる。

「歴史的分析」とは?

本書の特色であり、マレンボンの中世哲学史研究の特色と言える「歴史的分析」とは何か?本書の第1章に説明があるが、『後期中世の哲学』での解説も参考になるだろう。

歴史的分析のねらいは、現代の読者の関心や前提と、中世後期の思想家の著作とを隔てる溝を埋め、しかも同時にその溝を意識するということである。歴史的分析は、中世の思想家の諸観念や論証を、適宜、現代の問題と関係させながら、可能なかぎり現代の読者にわかりやすい言葉で説明し、また、各思想家がどのような問題を立て、その問題に対して彼らはなぜそのように答えたのかということを、厳密に示そうとする。(中略)しかし、歴史的分析は、中世後期の思想家たちの前提や目的、彼らの探求の範囲、彼らの用いた方法、彼らの読んだテキストなどについても探求する。歴史的分析が提案するところによると、これらの歴史的問題に答えることによってはじめて、現代の読者は、中世の思想家たちが何を議論し、また何故そのように議論したのかを、把握することができる。

(邦訳一〇九頁)

『後期中世の哲学』から約四半世紀後に出版された本書でも、こうした「歴史的分析」についてのマレンボンの考え方は変わっていないようにみえる。本書(第1章)で、歴史的分析には二つの段階があるとマレンボンは言う。第一の段階は、現代の「哲学」の観点から疑問を提起し資料を選択する段階である。第二の段階は、切り離して取り出した哲学的議論をその知的背景に置き戻す段階である。つまり「歴史的分析」とは、簡単に言うと、中世哲学の議論を現代の問題との関連で分析するとともに、その議論がなされた過去のコンテクストを探索して、中世哲学の議論そのものの精確な理解と説明に努める手法と言えよう。してみると、「歴史的分析」は「現在」と「過去」という二つの時間軸をもってなされる哲学史研究である、との印象を受けられるかもしれない。しかし、最近のマレンボンは、「過去」をさらに三つの時間軸に分けて探求する必要性を意識しているように思われる。

そのことは、二〇一三年に出版された『四次元でのアベラール――彼のコンテクストと私たちのコンテクストのなかでの一二世紀の哲学者』のタイトルからも窺える。「哲学の歴史家にとっては、時間は四つの次元をもたなければならない」とマレンボンは言う。第一、第二、第三の次元が「彼」(研究対象としている思想家)にとっての「現在」「過去」「未来」にあたり、第四の次元が「私たち」にとっての「現在」にあたる。マレンボンの説明とこれまでの仕事から、四つの次元が必要とされる理由を考えてみたい。

「彼」にとっての「現在」と「過去」を知る必要がある理由は分かりやすい。哲学史家が「彼」を研究するということは「彼」がそのとき何を考えていたかを明らかにすることである。「彼」は、同時代の思想家と論戦を交わすことで思想を発展させていったかもしれない。「彼」が論じる内容や議論の仕方は、「彼」が帰属していた制度(例えば「学芸学部」)や「彼」が採用した文学形式(例えば「註解」)の影響を大いに受けたものかもしれない。「彼」の議論を理解するためには、こうした歴史的知識も必要とされる。また「彼」は、肯定的にせよ否定的にせよ、「彼」の教師や先行する思想家、文献から着想や概念、議論の仕方を学んでいる。したがって、「彼」の議論を理解するためには、彼の「過去」についても知る必要がある。

今日に到るまで、「彼」の考えや言葉は様々な仕方で受容されてきた。その受容の仕方には、誤解も含めた解釈だけではなく、歪曲や無視といったものも含まれる。この第三の次元――彼にとっての「未来」――という視点がなぜ必要かという点については、マレンボンはほとんど説明していない。哲学史家なら影響史・受容史についても当然知っておくべきだ、ということ以外に、その必要性は存在しないのだろうか。私見では、第三の次元は、「彼」の議論を理解するための手がかりを与えるという意味でも必要である。後世の解釈は、「彼」の(必ずしも明瞭ではない)議論の(一つの)解釈の可能性を示したり、「彼」の議論に含まれる、「彼」が明確に意識していなかった論点を明るみに出したりすることがある。誤解や歪曲であっても、「彼」の思想のなかの、単純な理解を阻むような哲学的に重要なポイントを逆照射しうる。

そして「彼」を研究するのは、今を生きる「私たち」である。「私たち」は今日の哲学において問題となっていることに関心をもち、「彼」の書いたもののなかにその問題についての議論を求める。あるいは、少なくとも「私」にとって哲学的問題であることについて、「彼」がどう考えていたのか知ろうとするのである。

中世哲学の魅力とは？

マレンボンは、私たちは「世界を理解するために」(第10章)、「魅力的な知的探究の領域の一つ」(第1章)である中世哲学を知らなければならない、と言う。中世哲学のどこが魅力的なのか、またなぜ中世哲学を知ることが世界を知るために必要なのかを本書を手がかりにして考えてみたい。

中世哲学の魅力は何と言っても、古代ギリシア哲学という起源を共有する異なる哲学的伝統が、時に翻訳を介して影響関係をもちつつ展開するところにある。西洋哲学史上のどの他の時代にもまして中世哲学は多文化的であり、多文化的な思想が織りなすダイナミックな思想の動きを有していると言えるのではないだろうか。また影響関係がない場合には、或る思想が異なる仕方で受容されていくさまを比較して考察することができる。たとえば、アリストテレスの『修辞学』や『詩学』はアラビア語の伝統では早くから入手でき、しかも拡大版「オルガノン」の一部に位置づけられた。そして、聖典(コーラン)が用いている議論の形態は「詩的・修辞的三段論法」であるとも解釈された。こうした聖典解釈の方向性は、一三世紀に入ってから『修辞学』や『詩学』が入手できるようになったラテン・キリスト教哲学には見られない。さらに、制度の有無(内外)、制度の違いや制度の変化によって、思想が異なる仕方で展開していくところも興味深い。制度は、思想の硬直化の温床となることがないわけではなかった。しかし、制度の内にあっても独創的な思想家は生まれた。制度は、哲学的問題についての議論を競い合う環境を提供したり、(自分たちが従事する)「哲学」とはどういう営みかについての考察を進めるきっかけを与えたりした。

イスラーム法に基づく共同体の実現を目指すイスラーム主義★(「イスラーム原理主義」)やイスラエル・パレスチナの問題を抜きに現代の世界を理解することはできないだろう。現代の世界においても、キリスト教、イスラーム教、ユダヤ教の信仰をもっている人は大勢いるし、そうした人々の行動が世界を揺るがす事件を引き起こすことさえある。また信仰をもっていなくとも、これらの宗教の影響を受けた物事の考え方をしたり、慣習を実践したりしている人は少なくない。中世哲学は、私たちに、こうした宗教を信奉する人々が世界をどのように理解してきたのかを、また自分たちの信仰をどのようなものとして位置づけてきたのかを教えてくれる。現代では「原理主義」との関連で取り上げられることが多いイスラームの思想が、論証を重視する伝統をもっていたことや、ラテン・キリスト教哲学やユダヤ哲学に対して、信仰から独立した理性に基づく思考を求める発想の一つの有力な源泉(「アヴェロエス主義」)を提供したことを教えてくれる。私たちは、中世哲学を学ぶことを通して広い世界へ目を向けることができるようになる。そして、それ抜きに現代の世界を理解することができない、宗教と人間の他の営みとの関係を考えることができるようになる。これが、私たちが世界を知るために中世哲学を知らなければならない理由であると私は考える。

★「イスラーム主義」の解説として、大塚和夫『イスラーム主義とは何か』(岩波新書、二〇〇四年)や末近浩太『イスラーム主義――もう一つの近代を構想する』(岩波新書、二〇一八年)を参照。両書とも、サウジアラビアの建国の歴史に深く関わっているワッハーブ運動が、本書でも取り上げられているイブン・タイミーヤの影響下にあることを指摘している。

本書の訳文について

本書は平易な英語を用いて明快に記述されているが、コンパクトな入門書を意識して書かれたためか、主要な筋以外の内容については丸括弧に入れるという手法が多用されている。また、凝縮された記述のために、中世哲学になじみがない読者にとって、語句の意味や議論の展開が分かりにくい箇所も散見される。括弧の多用は読みにくさにつながると考えられるが、本文中では著者の意図を尊重してすべての丸括弧をそのまま訳出し、訳者による短い補足や言い換えは亀甲(〔 〕)に入れて訳出した。原文には注は一切ないが、補足的に長い説明が必要な箇所については訳注(★)をつけた。強調を目的とした本文中のイタリックの箇所は傍点を打って訳出した。固有名の訳は、中世の思想家については『中世思想原典集成別巻』(平凡社)を参考にしたが、すでに一般的に通用している表記がある場合(たとえば「アベラール」)にはそれに従った。原著にあった明らかな誤りは、著者と相談のうえ、削除・修正を行った。

著者であるジョン・マレンボン教授には、ご多忙のなか、訳者の質問に丁寧に答えていただいた。そればかりではなく、新たな序文の執筆や文献表の更新を提案・提供くださり、本書をまさしく「中世哲学研究の最前線」を伝える書物としてくださった。各分野での固有名や専門用語等の訳語・表記については、京都大学や中世哲学会の同僚の方々に助言を頂いた。とりわけアラビア哲学関係については小村優太氏に、新プラトン主義の階層構造については西村洋平氏に、関連地図については佐藤公美氏に助言いただいた。感謝申し上げたい。また、授業を通して訳文の不具合な点を指摘してくださった京都大学の学生諸氏にも感謝したい。本訳書の最初の訳は、二〇二〇年度前期の文献講読の授業をきっかけとして作成した。学生諸氏の訳も参考にさせてもらったが、言うまでもなく、全訳文の責任はこの私にある。

本書が、より真実に近い中世哲学の姿や現在世界で進展している中世哲学研究を知る一助になるならば、これにまさる訳者の喜びはない。こうした訳者の希望をかなえるべく、本書の出版企画にあたってくださった、岩波書店の松本佳代子氏にも感謝する。

二〇二三年四月

周藤多紀

索　引

原著に収録された索引を五十音順に並べ替えた．原著の索引を尊重しつつ，適宜追加，整理，削除したうえで人名・書名を含む固有名，事柄を本文，訳注，訳者解説から採っている．人名には著作や関連する事柄を子項目として示した．例えば，『迷える者の手引き』は「マイモニデス」の下にある．

あ　行

か　行

さ 行

た　行

な　行

は　行

ま　行

や 行

ら 行

関連年表

	出来事・制度	哲学者(没年を記している)
200		270　プロティノス
300	306-337　キリスト教徒となった最初のローマ皇帝コンスタンティヌスの治世	305頃　ポルピュリオス
400	410　アラリックによるローマの略奪 476　西ローマ帝国の最後の皇帝ロムルス・アウグストゥルスの廃位	430　アウグスティヌス 485　プロクロス
500	529　ユスティニアヌスによるアテナイの学校〔アカデメイア〕の閉鎖	517-526　アンモニオス 525/526頃　ボエティウス 536　レーシュアイナーのセルギオス 570年代　ヨアンネス・ピロポノス
600	632　預言者ムハンマドの死 641　アレクサンドリアがムスリムの手に落ちる 661　ウマイヤ朝の創始	662　証聖者マクシモス
700	749　アッバース朝の創始 762　アッバース朝の首都バグダッドの建設が命じられる	754以前　ダマスコスのヨアンネス
800	800　シャルルマーニュ〔カール大帝〕の戴冠 843/877　シャルル禿頭王の治世 843　ビザンツ帝国におけるイコノクラスム〔聖像破壊運動〕の終結	804　アルクイヌス 877頃　ヨハネス・スコトゥス・エリウゲナ 870頃　キンディー 891　ポティオス
900	973　カイロがファーティマ朝の首都に定められる	907頃　イサク・イスラエリ 935/936　アシュアリー 942　サアディア・ガオン 950/951　ファーラービー

1000	1085　トレドがキリスト教徒の手に落ちる 1090　アルモラヴィド朝〔ムラビート朝〕によるスペインの統治開始	1037　アヴィセンナ 1057/58　イブン・ガビロル 1067　バフマニヤール 1085　ジュワイニー 1096　ミハイル・プセロス
1100	1147　アルモハード朝〔ムワッヒド朝〕がアルモラヴィド朝〔ムラビート朝〕を滅ぼす	1109　カンタベリーのアンセルムス 1111　ガザーリー 1123/24　ラウカリー 1139　イブン・バーッジャ 1142　ピエール・アベラール 1154　ギルベルトゥス・ポレタヌス 1155以降　コンシュのギヨーム 1160　バグダーディー 1185　イブン・トゥファイル 1191　スフラワルディー 1198　アヴェロエス
1200	1200頃　パリ大学の成立 1204　〔十字軍による〕コンスタンティノープルの略奪とラテン王国〔ラテン帝国〕の創建 1210頃　フランシスコ会とドミニコ会の創設 1255頃　アリストテレスの著作を中心とするカリキュラムがパリ大学やオックスフォード大学の学芸学部で採用される 1258　モンゴル軍がバグダッドを占領 1259　マラーガ〔マラーゲ〕天文台の創設 1277　パリにおける〔パリ司教〕タンピエによる219の命題の断罪	1204　マイモニデス 1210　ファフルッディーン・ラーズィー 1240　イブン・アラビー 1245　ヘールズのアレクサンデル 1274　トマス・アクィナス，ボナヴェントラ，トゥースィー 1276　カーティビー 1280　アルベルトゥス・マグヌス 1293　ガンのヘンリクス 1298　ペトルス・ヨハネス・オリヴィ
1300	1323　トマス・アクィナス列聖 1346–53頃　黒死病〔ペスト〕	1308　ドゥンス・スコトゥス 1316　ライムンドゥス・ルルス 1318/20　フライベルクのディートリッヒ

		1321　ダンテ・アリギエリ 1327/28　マイスター・エックハルト 1328　イブン・タイミーヤ 1342　パドヴァのマルシリウス 1344　ゲルソニデス 1347　ウィリアム・オッカム 1348　カラブリアのバルラアム 1355　イージー 1359　グレゴリオス・パラマス 1360　ジャン・ビュリダン 1362 以降　ナルボンヌのモーセス 1384　ジョン・ウィクリフ
1400	1415　ヤン・フスの処刑，フス派の反乱〔フス戦争〕が起こる 1450 頃　活版印刷がヨーロッパに導入される 1453　コンスタンティノープルがトルコ軍の手に落ちる 1492　コロンブスの最初の航海〔アメリカ大陸の発見〕 1492　スペインからのユダヤ教徒とイスラーム教徒の追放	1410/11　ハスダイ・クレスカス 1429　ヴェネツィアのパウルス 1444　ヨハネス・カプレオルス 1452/54　ゲミストス・プレトン 1457　ロレンツォ・ヴァッラ 1460　カンポのハイメリクス 1464　ニコラウス・クザーヌス 1493　エリヤ・デルメディゴ 1494　ジョヴァンニ・ピーコ・デッラ・ミランドラ 1498　サドルッディーン・ダシュタキー〔ダシュタキー父〕 1499　マルシリオ・フィチーノ
1500	1521　マルティン・ルターの破門 1545-63　トレント〔トリエント〕公会議 1598　ナントの勅令	1501　ダッワーニー 1508　イサク・アブラバネル 1521 以降　レオーネ・エブレオ 1525　ピエトロ・ポンポナッツィ 1538　アゴスティーノ・ニーフォ 1546　フランシスコ・デ・ビトリア 1550　ジョン・メージャー 1589　ヤーコポ・ザバレッラ
1600	1633　ガリレオの弾劾 1642-51　イングランド市民戦争〔内戦〕	1617　フランシスコ・スアレス 1630　ミール・ダーマード 1636　ムッラー・サドラー

	1685　ナントの勅令の廃止	1644　ヨハネス・ア・サンクト・トマ 1650　ルネ・デカルト 1667　ロドリゴ・デ・アリアガ 1677　バルーフ・スピノザ 1682　ファン・カラムエル・イ・ロブコヴィッツ
1700		1704　ジョン・ロック 1716　ゴットフリート・ヴィルヘルム・ライプニッツ

参考文献

以下の記述は，第6章から第9章までの議論の主要部が基づいている文献を示すためのものであり，英訳がある場合に，その詳細について情報を提供するためのものである．

〔各作品の日本語訳については，後掲の「日本の読者のための読書案内」を参照のこと．〕

第6章　普 遍——アヴィセンナとアベラール

・アヴィセンナの『治癒の書』第5巻1-2章については(アラビア語の原典テクストと共に)英訳が Michael E. Marmura, *The Metaphysics* of The Healing (Provo, Utah, 2005)にある．また『治癒の書』にある『エイサゴーゲー』の註解からの抄訳が Michael E. Marmura, "Avicenna's Chapter on Universals in the *Isagoge* of his *Shifa*" が *Islam: Past Influence and Present Challenge*, ed. Alford T. Welch and Pierre Cachia (Edinburgh, 1979), pp. 47-52 にある．Alain de Libera, *L'art des généralités: Théories de l'abstraction* (Paris, 1999)には重要なテクストの優れたフランス語訳と周到な分析がある．

・ボエティウス(『エイサゴーゲー』の第二註解)，アベラール(『ロギカ・イングレディエンティブス』のなかの『エイサゴーゲー』の註解)，スコトゥス(『オルディナチオ』第2巻第3区分第1部第1-6問まで)とオッカム(『オルディナチオ』第1巻第2区分第4-8問)については，Paul V. Spade, *Five Texts on the Mediaeval Problem of Universals* (Indianapolis, Indiana, and Cambridge, 1994)に英訳がある．

第7章　心，身体，死——アヴェロエスとポンポナッツィ

・ファーラービーの『有徳都市の住民がもつ見解の諸原理』(とくに第3章

が関係している）については，Richard Walzer による英訳 *Al-Farabi on the Perfect State*（Oxford, 1985）がある．

・アヴィセンナの見解を手短に知るためには，*Medieval Islamic Philosophical Writings*, ed. Muhammad A. Khalidi（Cambridge, 2005），pp. 27–58 にある *al-Najat* の抄訳を参照．

・アヴェロエスの『魂について』の大註解の英訳としては，Richard C. Taylor による Averroes, *Long Commentary on the* De anima *of Aristotle*（New Haven and London, 2009）がある．

・アクィナスについては，とくに『知性の単一性について』を参照．Ralph McInerny による英訳が，*Aquinas Against the Averroists: On There Being Only One Intellect*（West Lafayette, Indiana, 1993）として出版されている．また，『神学大全』第 1 部第 76 問を参照（ウェブ上で無料で入手できるものも含めて様々な翻訳がある）．

・ポンポナッツィの『魂の不死について』は *The Renaissance Philosophy of Man*, ed. Ernst Cassirer, Paul O. Kristeller, and John H. Randall, Jr（Chicago and London, 1948），pp. 280–381 に英訳がある．

第 8 章　予知と自由——ボエティウスとゲルソニデス

・ボエティウスの『哲学の慰め』第 5 巻

ボエティウスの『哲学の慰め』の英訳は多数ある．とりわけ原典に沿った英訳として，Joel Relihan による Boethius, *Consolation of Philosophy*（Indianapolis and Cambridge, 2001）がある．私のテクスト解釈をより詳しく説明したものとして，John Marenbon, "Divine Prescience and Contingency in Boethius's *Consolation of Philosophy*", *Rivista di storia della filosofia* 68（2013），pp. 9–21 を参照．

・アベラールと 13 世紀前半の著作家

関連するテクストを紹介し，論じたものとして，John Marenbon, *Le temps, l'éternité et la prescience de Boèce à Thomas d'Aquin*（Paris, 2005），pp. 55–116 を参照．

・ドゥンス・スコトゥスの *Lectura*〔『命題集講解』〕第 1 巻，第 39 区分

ラテン語のテクストと翻訳及び解説が以下の書籍にある．

John Duns Scotus, Contingency and Freedom: Lectura I 39, trans. A. Vos Jaczn et al, Dordrecht, Boston, and London, 1994（New Synthese Historical Library 42）.

・アヴィセンナの『形而上学』の第 8 巻 6 章

Marmura による英訳が〔前掲書（第 6 章の参考文献）の〕pp. 287–290 にある．

・アヴェロエスの『形而上学』第 12 巻

英訳：Charles Genequand, *Ibn Rushd's Metaphysics,* Leiden, 1984（Islamic Philosophy, Theology and Science: Texts and Studies, 1）, pp. 197–198.

・マイモニデスの『迷える者の手引き』第 3 部 20–21 章

英訳：Maimonides, *Guide of the Perplexed*, trans. Shlomo Pines, Chicago, 1963.

・ゲルソニデスの『主の闘い』第 3 巻 3–4 章，摂理の理論については同書の第 2 巻 4 章を参照．

英訳：Gersonides, *Wars of the Lord*, trans. Seymour Feldman, Philadelphia, Jewish Theological Seminary of America, vol. II, 1997. またとくに Charles H. Manekin, "On the Limited-Omniscience Interpretation of Gersonides' Theory of Divine Knowledge" in *Perspective on Jewish Thought and Mysticism*, ed. Alfred L. Ivry, Elliot R. Wolfson, and Allan Arkush（Amsterdam, Harwood（OPA）, 1988）, pp. 135–170 を参照.

第 9 章　社会と最善の生——イブン・トゥファイルとダンテ

・古代末期とビザンティンのプラトン主義の政治哲学については，Dominic J. O'Meara, *Platonopolis: Platonic Political Philosophy in Late Antiquity*（Oxford, 2003）を参照.

・ファーラービー『有徳都市の住民がもつ見解の諸原理』（第 7 章の参考文献を参照）

イブン・バッージャ『孤独者の経綸』

英訳はないが，アラビア語原典とフランス語の対訳版がある．Ibn Bagga（Avempace）, *La conduite de l'isolé et deux autres épîtres*, ed. Charles Genequand, Paris, 2010.

・イブン・トゥファイル『ヤクザーンの子ハイイの物語』

英訳：*Ibn Tufayl's Hayy Ibn Yaqzan*, trans. Lenn Goodman, New York, 1972.
・アウグスティヌス『神の国』
英訳：Augustine, *City of God*, trans. Henry Bettenson, Harmondsworth, 1972.〔現在は Penguin Books から出版されている.〕
・パドヴァのマルシリウス『平和の擁護者』
英訳：Marsilius of Padua, *Defender of the Peace*, trans. Annabel Brett, Cambridge, 2005.
・ダンテ『帝政論』
英訳：Dante, *Monarchia*, trans. Prue Shaw, Cambridge, 1996.

読書案内

中世哲学に関する百科事典類

中世哲学の各著作家やテーマについての議論を知るための最良の百科事典は *Stanford Encyclopedia of Philosophy* であり，無料でオンラインアクセスできる(https://plato.stanford.edu/)．この百科事典の収録項目は，まだ完全なものとは程遠いが，常に拡大していて，各項目について，たいていは専門家によって書かれた十分な解説がある．じっさい収録項目のなかには，(アラビア論理学に関する項目のように)最新の研究を知ることができるものもある．*The Encyclopedia of Medieval Philosophy. Philosophy between 500 and 1500*, ed. Henrik Lagerlund(Dordrecht, Heidelberg, London, and New York, 2022, 第 2 版――Springer から出版されているもので，有料でオンラインでもアクセス可能)は，前掲の *Stanford Encyclopedia* よりも完全なものになっている．各項目のレベルはまちまちであるが，とくにアラビア哲学関係がたいてい充実している．また私は中世哲学に関する長い文献表を Oxford Bibliographies(オンライン，有料：https://www.oxfordbibliographies.com/)に寄稿している．

中世哲学に関する一般的な入門書・ハンドブック・通史

中世哲学について紹介する，あるいは中世哲学史を解説すると称している書籍で，その全領域をカバーするものはほとんどない．私の *Medieval Philosophy: A Historical and Philosophical Introduction*(London and New York, 2007)を，それより前の 1980 年代に出版された *Early Medieval Philosophy*〔『初期中世の哲学』中村治訳，勁草書房，1992 年〕及び *Later Medieval Philosophy*〔『後期中世の哲学』加藤雅人訳，勁草書房，1989 年〕と混同してはならない．前者は少なくとも四つの主要な伝統をカバーし，(充実した文献表を備えていて)，明らかに，この短い本〔本書〕の後に読むものとしてふさわしい．しかし残念な

がら，記述は1400年で突然終わっている．*The Cambridge History of Medieval Philosophy*, ed. Robert Pasnau（Cambridge, 2014, 改訂版）は，（1500年頃までの）イスラーム，ユダヤ，キリスト教哲学をカバーしていることは明らかだが，（トピック中心の）章の大半は圧倒的にラテン・キリスト教哲学の伝統に関するもの，しかもとりわけ1250年から1350年の時期に関するものである．しかし，ギリシア語からラテン語とアラビア語，アラビア語からラテン語への翻訳に関する非常に価値ある一覧表と，四つの伝統すべてにわたる思想家の生涯と著作に関する短い記述が付録されている．*The Oxford Handbook of Medieval Philosophy*（New York, 2012）は，私が編集したものだが，〔第2部をなす〕トピック中心の章では，〔*The Cambridge History of Medieval Philosophy* より〕さらにひどく〔ラテン・キリスト教哲学中心であるという〕同じ偏狭さを抱えている．しかし〔第1部をなす〕最初の250頁は，専門家によって書かれた，四つの伝統についての，17世紀に至るまでの哲学史の概観を与えてくれる．*The Cambridge Companion to Medieval Philosophy*, ed. Stephen McGrade（Cambridge, 2003）〔A. S. マクグレイド編著，川添信介監訳『中世の哲学 ケンブリッジ・コンパニオン』京都大学学術出版会，2012年〕の大部分をなすのはトピック中心の解説的な論文であり，全14章のうち2章だけがイスラーム哲学とユダヤ哲学にあてられている．アンソニー・ケニーの *New History of Western Philosophy*（Oxford, 2005）の中世哲学についての巻〔volume 2: *Medieval Philosophy*〕は，まったくのところ著者の特徴である学識と明晰さ，鋭さを示しているが，アラビア哲学とユダヤ哲学については，ラテン哲学の伝統に影響を与えた限りにおいて論じられている．同じことは，もっとも最近出版された，複数の著者によるサーベイからなる *The Routledge Companion to Medieval Philosophy*, Routledge, ed. Richard Cross and J. T. Paasch（New York, 2021）にもあてはまる．この本は，各トピックについての洗練された秀逸な議論を提供してくれるが，とりわけ1250年頃から1300年頃までの，大学で教えた哲学者たちに焦点をあてている．

Richard Cross 自身による *The Medieval Christian Philosophers: An Introduction* は（ラテン・）キリスト教の伝統に限定したものであることを明確にしていて，1100年頃から1350年までの時期だけを考察の対象とし，とりわけ1250年

から 1350 年にかけての 100 年間に記述が集中している．1250 年から 1350 年にかけてのラテン・キリスト教哲学は，中世哲学の全領域のなかで最もよく開拓されている領域であるが，とりわけスコトゥスとオッカムという非常に重要な思想家について洞察力に富んだ紹介がなされていて，とても価値ある書物となっている．

各伝統や各時代についての入門書・ハンドブック・通史

したがって中世哲学についてバランスのとれた紹介を得るためには，各伝統や各時代に特化した書物を読む必要がある．ビザンティン哲学については，英語の書物には満足させるようなものはないが，ドイツ語なら，*Die Philosophie des Mittelalters* I, Byzanz, Judentum, ed. Alexander Bungs, Georgi Kapriev and Vilem Mudroch（Basel, 2019），1–299（Grundriss der Geschichte der Philosophie）がある．アラビア哲学については，*The Cambridge Companion to Arabic Philosophy*, ed. Peter Adamson and Richard Taylor（Cambridge, 2005）が優れたサーベイを提供している．各章は刺激的で，しばしばかなり高度な内容となっている．ただし，カラームについてや，1100 年から 1500 年にかけての時期についての記述は多くはない．*The Oxford Handbook of Islamic Philosophy*, ed. Khaled El-Rouayheb and Sabine Schmidtke（New York, 2017）は，19 世紀に至るまでのイスラームの伝統全体をカバーしている．ユダヤ哲学については *The Cambridge Companion to Medieval Jewish Philosophy*, ed. Daniel Frank and Oliver Leaman（Cambridge, 2003）及び *The Cambridge History of Jewish Philosophy from Antiquity through the Seventeenth Century*, ed. Steven Nadler and Tamara Rudavsky（Cambridge, 2009）がある．この 2 冊の書物は，著作家中心の，思慮に富んだ論文によって構成されている．後者にはトピック中心の章もあり，扱っている期間には賢明にもスピノザが含まれている．

ラテン哲学の伝統における 1400 年から 1600 年の時期については，*The Cambridge History of Renaissance Philosophy*, ed. Charles Schmitt and Quentin Skinner（Cambridge, 1988）が，哲学の分野別にまとめられていて，今では少し時代遅れのものになってはいるが，いまだに基本的な書物である．*The Cambridge Companion to Renaissance Philosophy*, ed. James Hankins（Cambridge, 2007）

はこの時期の様々な思想をとりあげている．そして，*Renaissance Philosophy*, ed. Brian Copenhaver and Charles Schmitt（Oxford and New York, 1992）〔チャールズ・B. シュミット，ブライアン・P. コーペンヘイヴァー著，榎本武文訳『ルネサンス哲学』平凡社，2003年〕が今でも，ひょっとすると，この時期全体についてバランスのとれた最良の入門書かもしれない．*The Routledge Companion to Sixteenth-Century Philosophy*, ed. Henrik Lagerlund and Benjamin Hill（New York and London, 2017）は16世紀についての詳細な優れた研究を提供してくれる．この書物は，賢明にも，「ルネサンス」と特定することができるような哲学のタイプや時期があると前提していない．

17世紀の哲学への案内として，それ以前の伝統との連続性に適切な比重を置いたものは，ほとんど見当たらない．手始めとして，*The Oxford Handbook of Medieval Philosophy* の Jacob Schmutz が担当した章 “Medieval Philosophy after the Middle Ages” を読むといい．

後期中世における大学外での哲学

The Popularization of Philosophy in Medieval Islam, Judaism, and Christianity, ed. Marieke Abram, Steven Harvey and Lukas Muehlethaler（Turnhout, 2022）（Philosophy in the Abrahamic Traditions of the Middle Ages 3）はサーベイというより，専門家による論文を集めたものであるが，幅の広さの点で，この領域では比類のないものである．この領域を開拓したのは Ruedi Imbach, *Laien in der Philosophie des Mittelalters. Hinweise und Anregungen zu einem vernachlässigten Thema*（Amsterdam, 1989）（Bochumer Studien zur Philosophie 14）である．この本の大部分は他の論文とともに Ruedi Imbach and Catherine König-Pralong, *Le défi laïque. Existe-t-il une philosophie de laïcs au Moyen Âge?*（Paris, 2013）に翻訳されている．大学に属していなかった特定の著作家についての研究には，*Philosophical Poetry? The Roman de la Rose and Thirteenth-Century Thought*, ed. Jonathan Morton and Marco Nievergelt（Cambridge, 2020）や *Dante et l’Averroïsme*, ed. Alain de Libera, Jean-Baptiste Brenet and Irène Rosier-Catach（Paris, 2019）がある．私は *Pagans and Philosophers. The problem of paganism from Augustine to Leibniz*（Princeton and Woodstock, 2015）で，大学に属していなかった多種多様な著作家が特

定の問題に対してどのように貢献したかを探求した．

原著で言及されていない参考文献

本書の公刊の少し前になるが，本書と同じシリーズの一冊として，中世のアラビア・ユダヤ哲学をカバーする入門書が出版されている．

Peter Adamson, *Philosophy in the Islamic World: A Very Short Introduction*, Oxford University Press, 2015.

また Peter Adamson が主催している Podcast "History of Philosophy without any gaps"（https://historyofphilosophy.net/）に基づく哲学史の概説書も出版されている．

Peter Adamson, *Philosophy in the Hellenistic and Roman Worlds*, Oxford University Press, 2015.

Peter Adamson, *Philosophy in the Islamic World*, Oxford University Press, 2016.

Peter Adamson, *Medieval Philosophy*, Oxford University Press, 2019.

Peter Adamson, *Byzantine and Renaissance Philosophy*, Oxford University Press, 2022.

日本の読者のための読書案内

本書の内容の理解を深めるために，日本語で書かれた，比較的初心者にも読みやすくて参考になる図書(基本的に上掲の原著の読書案内の頁で邦訳として紹介しているものを除く)と，本書で言及されている作品の邦訳を紹介しておく．

・中世哲学全般についての参考書・入門書としては，前掲のマクグレイド編著『中世の哲学 ケンブリッジ・コンパニオン』(京都大学学術出版会，2012年)の他に，クラウス・リーゼンフーバー『中世思想史』(平凡社ライブラリー，2003年)や，中川純男・加藤雅人編『中世哲学を学ぶ人のために』(世界思想社，2005年)がある．また，内山勝利・小林道夫・中川純男・松永澄夫編『哲学の歴史』全12巻(中央公論新社，2007-08年)のうち第2-5巻が，神崎繁・熊野純彦・鈴木泉編『西洋哲学史』全4巻(講談社選書メチエ，2011-12年)のうち第2-4巻が，『世界哲学史』全8巻(ちくま新書，2020年)のうち第2-5巻が，本書で「中世哲学」とされている西洋哲学史の時代をカバーしている．山田晶『中世哲学講義』全5巻(知泉書館，2021-22年)は大学での講義録で，中世哲学の諸問題についての真摯な思索が分かりやすい言葉で語られている．

第2・3章　初期・後期中世哲学の見取り図

・ラテン語圏の初期・後期中世哲学全般に関しては，少し古くなるが，前掲のマレンボン自身が書いた入門書の邦訳『初期中世の哲学』(勁草書房，1992年)と『後期中世の哲学』(勁草書房，1989年)がある．20世紀初頭に書かれた古典的名著の邦訳M. グラープマン『スコラ学の方法と歴史 上 教父時代から12世紀初めまで』(保井亮人訳，知泉書館，2021年)もアン

セルムスまでのラテン語圏の初期中世哲学をカバーしている.

・古代末期と古代末期のプラトン派全般については,水地宗明・山口義久・堀江聡編『新プラトン主義を学ぶ人のために』(世界思想社, 2014 年)が,アテナイ学派については,廣川洋一『プラトンの学園アカデメイア』(講談社学術文庫, 1999 年)が参考になる.

・中世の伝統の5人の創始者のうち,アウグスティヌスについては日本語で読むことができる入門書が何冊か出版されている.出村和彦『アウグスティヌス』(岩波新書, 2017 年)や宮谷宣史『アウグスティヌス』(講談社学術文庫, 2004 年)でアウグスティヌスの全体像や西洋思想史上の重要性を掴むことができる.

　中世哲学の主要な「四つの伝統」については,それぞれ以下の書籍が参考になるだろう.

・ラテン・キリスト教哲学

E. ジルソン『中世哲学の精神』上・下,服部英次郎訳,筑摩叢書, 1974, 75 年.

・アラビア哲学

井筒俊彦『イスラーム思想史』中公文庫, 1991 年.

S. H. ナスル『イスラームの哲学者たち』黒田壽郎・柏木英彦訳,岩波書店, 1975 年.

オリヴァー・リーマン『イスラム哲学への扉』中村廣治郎訳,ちくま学芸文庫, 2002 年.

　スーフィズムに特化した入門書としては, R. A. ニコルソン『イスラムの神秘主義』中村廣治郎訳,平凡社ライブラリー, 1996 年がある.また,中村廣治郎『イスラム教入門』(岩波新書, 1998 年)のなかの「イスラム神学の確立」(78-90 頁)「イスラム哲学の発展」(90-98 頁)「イスラム教の神秘主義」(166-196 頁)は,カラーム,ファルサファ,スーフィズムについて明快な見通しを与えてくれる.

・ユダヤ哲学

『ユダヤ思想 2』(岩波書店, 1988 年)に所収されている,井筒俊彦「中世ユダヤ哲学史」が参考になる.本書で詳しく論じられていない中世ユダヤ

神秘(カバラ)思想についても，同書所収のヨセフ・ダン「ユダヤ神秘主義　歴史的概観」が参考になる．また，ユリウス・グットマン(合田正人訳)『ユダヤ哲学』(みすず書房，2000年)では，第2部(43-285頁)が「中世におけるユダヤ宗教哲学」にあてられている．

・ギリシア・キリスト教哲学については，上掲の『哲学の歴史 3』(中央公論新社，2008年)にある，大森正樹氏による「ビザンティンの哲学」が参照されうる．

第4章　中世哲学の諸領域

・論理学・言語哲学　極めて短いが，以下の書籍に紹介されており，その一端を垣間見ることができる．

山下正男『論理学史』岩波書店，1983年(第2章「中世論理学の性格」)．

R. H. ロウビンズ『言語学史　第三版』中村完・後藤斉訳，研究社出版，1992年(第4章「中世」)．

・自然学・形而上学

E. グラント『中世の自然学』横山雅彦訳，みすず書房，1982年．

伊藤俊太郎『近代科学の源流』中公文庫，2007年．

デイビッド・リンドバーグ『近代科学の源をたどる』高橋憲一訳，朝倉書店，2011年．

・政治哲学

J. B. モラル『中世の政治思想』柴田平三郎訳，平凡社ライブラリー，2002年．

将棋面貴巳『ヨーロッパ政治思想の誕生』名古屋大学出版会，2013年．

第5章　制度と文学形式

イスラーム・ビザンティン・ラテン世界の制度と知の関係について論じた論文集として，上智大学中世思想研究所編『中世における制度と知』(知泉書館，2016年)がある．とくに大学の制度や大学で用いられた文学形式に関しては，上掲のマレンボン『後期中世の哲学』の第1章「大学における教育と学問」が参考になる．

第 6 章　普遍

普遍論争を全般的に論じた書物として，山内志朗『普遍論争――近代の源流としての』(平凡社ライブラリー，2008 年)がある．アプロディシアスのアレクサンドロス，アヴィセンナ，スコトゥスについては，山内志朗「〈ある〉の第三領域――アヴィセンナ存在論の影響」土橋茂樹編『存在論の再検討』(月曜社，2020 年)192–214 頁が参考になる．また，ボエティウスからアベラールまでについては，少し古くなるが，ヨゼフ・ライネルス『中世初期の普遍問題』(稲垣良典訳，創文社，1983 年)と岩熊幸男「アバエラルドゥス以前の普遍論争」(『人文学報』60 号，1986 年，105–160 頁)が参考になる．スコトゥスについては，本間裕之氏の一連の論文が考察をすすめる手がかりになるだろう．「ドゥンス・スコトゥスの形相的区別について――意味論的観点から」『哲学』70 号，2019 年，250–265 頁；「スコトゥスのパリ期における形相的区別」『中世思想研究』62 号，2020 年，54–67 頁；「ドゥンス・スコトゥスの個体性理解について」『論集』39 号，2020 年，46–58 頁．

第 7 章　心，身体，死

トマス・アクィナスについては，A. ケニー『トマス・アクィナスの心の哲学』(川添信介訳，勁草書房，1997 年)がある．死をめぐるビュリダンの議論については，辻内宣博「理性と信仰の狭間で――ビュリダンにおける人間の魂を巡る問題」(『中世哲学研究』24 号，2005 年，49–68 頁)が参考になる．ポンポナッツィについては，根占献一・伊藤博明・伊藤和行・加藤守道『イタリア・ルネサンスの霊魂論』(三元社，1995 年)の第 3 部に伊藤和行氏による『魂の不死について』の部分訳と解説がある．

第 9 章　社会と最善の生

アウグスティヌスの政治思想について論じたものとして，柴田平三郎『アウグスティヌスの政治思想』(未来社，1985 年)や金子晴勇『アウグスティヌス『神の国』を読む』(教文館，2019 年)がある．ダンテの生涯や著作全

般については，マリーナ・マリエッティ『ダンテ』（藤谷道夫訳，白水社文庫クセジュ，1998年）が参考になる．

本書（及び訳注）で直接（作品名が）言及されている作品の邦訳

「中世哲学」の著作に限る．本書で論じられているその他の著作家・著作についても，『中世思想原典集成』や『中世思想原典集成精選』（ともに平凡社），あるいは『キリスト教神秘主義著作集』や『キリスト教教父著作集』（ともに教文館）などで読むことができるものが多数ある．2012年までに刊行された（比較的入手が容易な）翻訳書の一覧は，前掲『中世の哲学 ケンブリッジ・コンパニオン』（京都大学学術出版会，2012年）の巻末（529-567頁）にある．

アウグスティヌス

『アウグスティヌス著作集』教文館，1979年-.

『アカデメイア派駁論』岡部由紀子訳，『アウグスティヌスの懐疑論批判』（創文社，1999年）所収.

『神の国』（上・下）金子晴勇ほか訳，教文館，2014年（『アウグスティヌス著作集』11-15巻，教文館，1980-83年として出版されたものに手を加えて再刊されたもの）.

『告白』（全3巻）山田晶訳，中公文庫，2014年.

アヴィセンナ（イブン・シーナー）

『魂について　治癒の書　自然学第六篇』木下雄介訳，知泉書館，2012年.

アヴェロエス（イブン・ルシュド）

『矛盾の矛盾』（部分訳）竹下政孝訳，『中世思想原典集成11 イスラーム哲学』（平凡社，2000年）891-1018頁.

同書（部分訳）田中千里訳『《（アルガゼルの）哲学矛盾論》の矛盾』近代文藝社，1996年.

『霊魂論註解』（部分訳）花井一典・中澤務訳，『中世思想原典集成11 イスラーム哲学』（平凡社，2000年）1019-1102頁；『中世思想原典集成精選4 ラテン中世の興隆2』（平凡社ライブラリー，2019年）495-598頁に再録.

アベラール（ペトルス・アベラルドゥス）
『ポルフュリウス註釈（イングレディエンティブス）』（部分訳）清水哲郎訳，『中世思想原典集成 7 前期スコラ学』（平凡社，1996 年）433–500 頁.
アルベルトゥス・マグヌス
『ディオニュシウス神秘神学註解』須藤和夫訳，『中世思想原典集成 13 盛期スコラ学』（平凡社，1993 年）427–509 頁；『中世思想原典集成精選 6 大学の世紀 2』（平凡社ライブラリー，2019 年）47–146 頁に再録.
ヘールズのアレクサンデル
『神学大全』（部分訳）小高毅訳，『中世思想原典集成 12 フランシスコ会学派』（平凡社，2001 年）91–196 頁；『中世思想原典集成精選 6 大学の世紀 2』（平凡社ライブラリー，2019 年）199–322 頁に再録.
カンタベリーのアンセルムス
『中世思想原典集成 第Ⅱ期 3 アンセルムス著作集・書簡集』矢内義顕訳，（平凡社，2022 年）.
『プロスロギオン』古田暁訳，『中世思想原典集成 7 前期スコラ学』（平凡社，1996 年）173–247 頁；『中世思想原典集成精選 3 ラテン中世の興隆 1』（平凡社ライブラリー，2019 年）265–348 頁に再録.
イブン・トゥファイル
『ヤクザーンの子ハイイの物語』垂井弘志訳，『中世思想原典集成 11 イスラーム哲学』（平凡社，2000 年）795–890 頁.
イブン・バッージャ
『孤独者の経綸』『知性と人間の結合』竹下政孝訳，『中世思想原典集成 11 イスラーム哲学』（平凡社，2000 年）665–793 頁.
ヴァッラ
『快楽について』近藤恒一訳，岩波文庫，2014 年.
エックハルト
『エックハルト説教集』田島照久編訳，岩波文庫，1990 年.
『ドイツ語説教集』上田閑照訳，創文社，2006 年.
パリの司教エティエンヌ・タンピエ
『1277 年の禁令』八木雄二・矢玉俊彦訳，『中世思想原典集成 13 盛期ス

コラ学』(平凡社, 1993年)649-678頁;『中世思想原典集成精選6 大学の世紀2』(平凡社ライブラリー, 2019年)378-413頁に再録.

エリウゲナ

『ペリフュセオン(自然について)』(部分訳)今義博訳, 『中世思想原典集成6 カロリング・ルネサンス』(平凡社, 1992年)473-631頁;『中世思想原典集成精選3 ラテン中世の興隆1』(平凡社ライブラリー, 2019年)51-242頁に再録.

オッカム, ウィリアム

『オルディナチオ』(第1巻第2区分第6問)渋谷克美訳註『スコトゥス「個体化の理論」への批判』知泉書館, 2004年.

『未来の偶然事に関する神の予定と予知についての論考』清水哲郎訳, 『中世思想原典集成18 後期スコラ学』(平凡社, 1998年)673-724頁;『中世思想原典集成精選6 大学の世紀2』(平凡社ライブラリー, 2019年)585-642頁に再録.

ガザーリー

『誤りから救うもの』『中庸の神学』中村廣治郎訳注(平凡社東洋文庫, 2013年)所収〔『誤りから救うもの』ちくま学芸文庫, 2003年の改訳〕.

『哲学者の意図』黒田壽郎訳, 岩波書店, 1985年.

『哲学者の自己矛盾』〔=『哲学者の矛盾』〕中村廣治郎訳注, 平凡社東洋文庫, 2015年.

偽ディオニュシオス(ディオニュシオス・アレオパギテス)

『天上位階論』『神秘神学』今義博訳, 『書簡集』月川和雄訳, 『中世思想原典集成3 後期ギリシア教父・ビザンティン思想』(平凡社, 1994年)339-498頁;うち『神秘神学』は『中世思想原典集成精選1 ギリシア教父・ビザンティン思想』(平凡社ライブラリー, 2018年)411-428頁に再録.

『神名論』『神秘神学』熊田陽一郎訳, 『キリスト教神秘主義著作集 第1巻』(教文館, 1992年)所収.

クザーヌス

『創造についての対話』酒井紀幸訳, 『知恵に関する無学者の対話』小山宙丸訳, 『中世思想原典集成17 中世末期の神秘思想』(平凡社, 1992年)493-

535 頁；537–575 頁.
ニュッサのグレゴリオス
『人間創造論』秋山学訳，『中世思想原典集成 2 盛期ギリシア教父』(平凡社，1992 年)483–504 頁.
スアレス
『形而上学討論集』(部分訳)小川量子訳，『中世思想原典集成 20 近世のスコラ学』(平凡社，2000 年)881–963 頁.
スコトゥス
『オルディナティオ』(第 2 巻第 3 区分第 1 部第 1 問から第 6 問まで)渋谷克美訳，『中世思想原典集成 18 後期スコラ学』(平凡社，1998 年)217–316 頁.
ダンテ
『神曲』(地獄篇，煉獄篇，天国篇)原基晶訳，講談社学術文庫，2014 年.
『帝政論』小林公訳，中公文庫，2018 年.
トマス・アクィナス
『原因論註解』大鹿一正訳『原因論，聖トマス・デ・アクィノ原因論註解』聖トマス学院，1967 年.
『神学大全』全 45 巻，高田三郎ほか訳，創文社，1960–2012 年.
『神学大全 I, II』(部分訳)山田晶訳，中公クラシックス，2014 年.
『対異教徒大全』(部分訳)川添信介訳，『トマス・アクィナスの心身問題――『対異教徒大全』第 2 巻より』(知泉書館，2009 年)所収.
『知性の単一性について――アヴェロエス主義者たちに対する論駁』水田英実訳，『中世思想原典集成 14 トマス・アクィナス』(平凡社，1993 年)503–583 頁；『中世思想原典集成精選 6 大学の世紀 2』(平凡社ライブラリー，2019 年)189–288 頁に再録.
ファーラービー
『有徳都市の住民がもつ見解の諸原理』竹下政孝訳，『中世思想原典集成 11 イスラーム哲学』(平凡社，2000 年)40–169 頁.
プロクロス
『神学綱要』田之頭安彦訳『世界の名著 プロティノス，ポルピュリオス，

プロクロス』(中央公論社，1976 年)所収.
プロティノス
『プロティノス全集』全 5 巻(第 1-4 巻に『エネアデス』の全訳を所収)田中美知太郎・水地宗明・田之頭安彦訳，中央公論社，1986-88 年.
『エネアデス(抄)』全 2 冊，田中美知太郎・水地宗明・田之頭安彦訳，中公クラシックス，2007 年(前掲『世界の名著 プロティノス，ポルピュリオス，プロクロス』に所収されている訳の再録).
ペトルス・ヒスパヌス
『論理学綱要』(前半部の訳)山下正男訳，京都大学人文科学研究所，1981 年.
『論理学論集』(『論理学綱要』の後半部分の訳)山下正男訳，『中世思想原典集成 19 中世末期の言語・自然哲学』(平凡社，1994 年)27-231 頁.
ペトルス・ロンバルドゥス
『命題集』(部分訳)山内清海訳，『中世思想原典集成 7 前期スコラ学』(平凡社，1994 年)701-810 頁；『中世思想原典集成精選 4 ラテン中世の興隆 2』(平凡社ライブラリー，2019 年)141-187 頁に再録.
ベルナルドゥス・シルヴェストリス
『コスモグラフィア(世界形状誌)』秋山学訳，『中世思想原典集成 8 シャルトル学派』(平凡社，2000 年)483-580 頁.
ボエティウス
『三位一体論』『エウテュケスとネストリウス駁論』坂口ふみ訳，『中世思想原典集成 5 後期ラテン教父』(平凡社，1993 年)169-237 頁；うち『三位一体論』は『中世思想原典集成精選 2 ラテン教父の系譜』(平凡社ライブラリー，2019 年)517-543 頁に再録.
『哲学のなぐさめ』松崎一平訳，西洋古典叢書，京都大学学術出版会，2023 年.
ポルピュリオス
『イサゴーゲー〔エイサゴーゲー〕』水地宗明訳，『世界の名著 プロティノス，ポルピュリオス，プロクロス』(中央公論社，1976 年)所収.

ポンポナッツィ
『魂の不死性について』(部分訳)石田隆太・高石憲明訳,『哲学・思想論集』46号(2021年)97-117頁,47号(2022年)33-51頁.
証聖者マクシモス
『難問集』谷隆一郎訳,知泉書館,2015年.
パドヴァのマルシリウス
『平和の擁護者』(部分訳)稲垣良典訳,『中世思想原典集成18 後期スコラ学』(平凡社,1998年)409-545頁.
同書(部分訳,第2編7章まで)野見山温訳,『福岡大学法学論叢』第7巻(1963年)59-92頁,第8巻(1964年)39-82,191-229頁,第9巻(1965年)87-104頁,第12巻(1968年)277-315,507-547頁.
ジョン・マンデヴィル
『マンデヴィルの旅』大手前女子大学英文学研究会,福井秀和,和田章監訳,英宝社,1997年.
ダマスコスのヨアンネス
『知識の泉』小高毅訳,『中世思想原典集成3 後期ギリシア教父・ビザンティン思想』(平凡社,1994年)589-716頁;『中世思想原典集成精選1 ギリシア教父・ビザンティン思想』(平凡社ライブラリー,2018年)455-607頁に再録.
レオーネ・エブレオ
『愛の対話』本田誠二訳,平凡社,1993年.

ジョン・マレンボン
John Marenbon
イギリスの中世哲学史家．ケンブリッジ大学・トリニティカレッジ，フェロー．パリ(ソルボンヌ)大学，ノートルダム大学(アメリカ合衆国)，トロント大学，北京大学などでも客員教授をつとめた．邦訳書として，『初期中世の哲学』(中村治訳，勁草書房)，『後期中世の哲学』(加藤雅人訳，勁草書房)がある．

周藤多紀
京都大学大学院文学研究科教授．文学博士(京都大学)，Ph.D(セントルイス大学)．専門は西洋中世哲学史．主著に *Boethius on Mind, Grammar and Logic* (E. J. Brill, 2011)がある．その他，『西洋哲学史 II』(講談社選書メチエ，共著)，『世界哲学史 3』(ちくま新書，共著)などの著書がある．

哲学がわかる 中世哲学　　ジョン・マレンボン

2023年5月26日　第1刷発行

訳　者　周藤多紀《すとうたき》

発行者　坂本政謙

発行所　株式会社 岩波書店
〒101-8002 東京都千代田区一ツ橋 2-5-5
電話案内 03-5210-4000
https://www.iwanami.co.jp/

印刷・精興社　製本・松岳社

ISBN 978-4-00-061594-5　　Printed in Japan